MW00783803

Conte-inuons !

a TPRS® curriculum for level 2 French

Original Version by
Carol Gaab & Teri Abelaira
Contributions by Kristy Placido

Translation & Adaptation by
Kate Junker & Rochelle Barry

Illustrated by

Tony Papesh

Copyright © 2011 by TPRS Publishing, Inc.
Updated 2015
P.O. Box 11624
Chandler, AZ 85248
800-TPRISFUN
Info@tprstorytelling.com
www.tprstorytelling.com

All rights reserved. No part of this book may be reproduced or transmitted in any form or by any means, electronic or mechanical, including photocopying, recording or by any information storage or retrieval system, without express written consent from the publisher.

ISBN 978-1-935575-33-7

Table of Contents

Notes

Chapitre un : Pierre et son permis de blesser

Mini-conte A

trébuche/a trébuché

tombe/est tombé

il lui manque

se casse

aussitôt que possible

est triste

Mini-conte B

devient fou/folle

attend avec impatience

s'approche

accompagne

jour après jour

ne lui permet pas

Mini-conte C

Aïe ! Ça fait mal !

le plâtre

est tellement heureux que

se blesse

du tout

mauvaise nouvelle

Mini-conte D

se plaint

(ne) réussit (pas)

s'entraîne à conduire

finit par

essaie d'impressionner

pour améliorer

Mini-conte A

trébuche/a trébuché	tombe/est tombé	il lui manque
se casse	aussitôt que possible	est triste

Il y a une fille qui aime les gâteaux. Cette fille a faim et elle veut manger un gros morceau de gâteau. Elle va dans la cuisine et elle ouvre le frigo. Elle est triste car il n'y a pas de gâteau dans le frigo. Elle veut donc préparer un gâteau au chocolat. Pour faire ce gâteau, la fille a besoin d'oeufs. Elle a aussi besoin de sucre et de de farine. Elle ouvre le frigo et elle prend la boîte d'oeufs. Malheureusement, son frère a laissé sa chaussure par terre. La fille trébuche sur sa chaussure et elle tombe. La boîte d'oeufs tombe aussi et tous les oeufs se cassent. La fille est triste. Elle veut manger du gâteau. Pour faire un gâteau, il lui faut quatre oeufs. Donc, il lui manque quatre oeufs. Elle est de plus en plus triste et elle commence à pleurer. Elle crie : « Il me manque quatre oeufs ! Je vais aller au magasin pour acheter des œufs. »Sa mère l'entend et elle lui dit : « Il me manque des légumes pour le dîner ce soir. Est-ce que tu peux m'acheter des légumes ? » Son frère l'entend aussi et il lui dit : « Il me manque du chocolat pour mon goûter. Peux-tu m'acheter du chocolat ? »

La fille veut aller au magasin aussitôt que possible pour acheter les oeufs, les légumes et le chocolat. Elle va donc, en courant, au magasin. Elle court très vite et elle trébuche, mais heureusement elle ne tombe pas. Elle arrive au magasin. Elle achète les oeufs, les légumes et le chocolat, et elle sort du magasin en courant. Elle court très vite parce qu'elle veut rentrer à la maison aussitôt que possible. Tout à coup, elle trébuche et elle tombe. Les légumes tombent par terre. Le chocolat tombe par terre. Les oeufs tombent aussi et se cassent. De nouveau, il lui manque quatre oeufs pour préparer le gâteau au chocolat. Elle crie : « Maintenant les œufs sont cassés et je ne peux pas préparer mon gâteau ! »

Désespérée, elle ramasse les quatre œufs cassés qui sont par terre et elle les ramène chez elle dans une de ses chaussures. Cette fois elle ne trébuche pas. Elle ne tombe pas. Finalement, elle peut préparer son gâteau. Elle est de bonne humeur et elle n'est plus triste ! Tout est bien qui finit bien !

√ **Write 5 questions about Mini-conte A.**

1. Qui... _____ ?

2. Pourquoi... _____ ?

3. Quand... _____ ?

4. Combien... _____ ?

5. Où... _____ ?

Mini-conte A : Révision

Je suis une fille qui porte des lunettes. Je n'aime pas mes lunettes, mais il faut que je les porte. En effet, sans lunettes je ne vois pas clair. J'ai besoin de mes lunettes tous les jours. Tous les matins je me lève à 7h30. Je mets mes lunettes et je m'habille aussi vite que possible. J'ai toujours faim. Je cours à la cuisine. Je mange trois oeufs et je bois un jus d'orange. Je dis au revoir à ma mère et je cours vite à l'école parce que je veux arriver aussitôt que possible. Je ne veux pas être en retard pour mon premier cours. Mon premier cours est un cours de français. C'est mon cours préféré. Notre professeur est très gentille et très belle. Je suis triste quand elle est absente. Elle me manque.

J'ai un grand chien qui s'appelle Bruno. Il a toujours faim, lui aussi. Mon chien mange de tout ! Il mange de la viande, des oeufs, du poulet et des frites. Hier, il a même mangé une chaussure, mais il adore les gâteaux. Moi aussi, j'adore les gateaux au chocolat.

Hier après l'école, j'étais en train de faire mes devoirs dans ma chambre. Il était 4 heures. C'était l'heure du goûter et j'avais très faim. Je suis allée dans la cuisine pour chercher du gâteau. J'y suis allée en courant parce que je voulais manger aussitôt que possible. J'ai ouvert le frigo et j'ai pris un gros morceau de gâteau au chocolat. J'ai couru très vite vers ma chambre parce que je voulais manger du gâteau et je voulais finir mes devoirs aussitôt que possible.

Mon chien dormait par terre. Malheureusement, je ne l'ai pas vu. J'ai trébuché sur lui. Je suis tombée. Le gâteau est tombé. Mes lunettes sont tombées aussi. Mes lunettes se sont cassées. Je ne voyais plus clair. D'abord mon chien a mangé le gâteau et puis il a mangé mes lunettes ! J'étais triste mais mon chien était content. La vie est dure !

√ **Write a different ending to Révision A, as if you were the girl. (Min. 100 words)**

_____

_____

_____

_____

_____

_____

_____

_____

_____

_____

_____

Lecture Culturelle : La fête des rois

Les Français aiment beaucoup les gâteaux ! Il y a beaucoup de gâteaux délicieux en France. On peut acheter des gâteaux et des tartes à la pâtisserie. On peut aussi y acheter des pâtisseries comme par exemple les religieuses, les éclairs et les mille-feuilles. D'habitude, chaque dimanche, après la messe, les Français vont à la pâtisserie pour acheter un gâteau ou une tarte. On les ramène à la maison aussitôt que possible et on les mange en famille après le déjeuner, le repas de midi.

Le six janvier, on fête "la fête des Rois". Cette fête commémore la visite des trois rois mages à la naissance de l'enfant Jésus. Les rois sont venus donner des cadeaux à l'enfant Jésus. Ce jour-là, on mange un gâteau spécial. Ce gâteau s'appelle "la galette". Elle est ronde comme la lune. Il y a des oeufs et du sucre dedans. On cache une fève dans ce gâteau. La fève est un haricot sec. De nos jours on utilise une fève en porcelaine. Celui ou celle qui mange le morceau qui contient la fève devient "roi" ou "reine" pour la journée. Attention ! Mangez lentement ! Vous ne voulez pas vous casser une dent ! Tout le monde espère devenir roi. Alors, le plus jeune enfant de la famille doit se cacher sous la table. Il désigne qui aura tel ou tel morceau du gâteau. Comme ça, personne ne peut tricher. Celui qui trouve la fève doit la montrer. Il est très joyeux et il crie : « J'ai trouvé la fève ! » Puis, tout le monde crie : « Vive le roi ! » et on lui met une couronne en papier doré sur la tête. Cette personne doit alors choisir son roi ou sa reine. Le roi a le pouvoir absolu pendant tout le repas. Les enfants adorent cette fête !

Enrichment Activity

Révision 2 : Fill in the blanks to create your own version of the story.

Il y avait une fille qui aimait les grenouilles. La fille voulait acheter une grenouille rouge. Les grenouilles rouges sont très rares et très chères aussi. Mais malheureusement, la fille était pauvre et elle n'avait pas assez (1)_____ pour acheter de grenouille rouge. Le prix d'une grenouille rouge était de 100 euros. La fille avait seulement 2 euros. Il lui manquait (2)_____.

D'abord la fille est allée aussi vite que possible à Notre-Dame pour obtenir de l'argent. Quasimodo lui a donné 3 euros. Maintenant il ne lui manquait plus que (3)_____. Malheureusement, à Notre-Dame, la fille a trébuché sur (4)_____ et elle est tombée ! Elle s'est cassé la (5)_____. Puis la fille est allée au Louvre. Elle a trouvé 8 euros par terre. Elle était très contente et elle a crié : « Youpi ! Maintentant, il ne me manque que (6)_____. » Mais malheureusement, la fille a trébuché sur (7)_____ et elle est tombée encore une fois ! Elle s'est cassé le (8)_____.

Puis la fille est montée en haut de la Tour Eiffel. Bill Gates était là ! Il lui a donné 87 euros ! Maintenant il ne lui manquait plus rien. Elle avait 100 euros. La fille a couru aussi vite que possible vers le magasin de grenouilles. Mais cette fois elle a trébuché dans (9)_____ et elle est tombée encore une fois. Cette fois-ci, elle s'est cassé les (10)_____. Les pompiers sont venus. Ils ont amené la fille à l'hôpital aussi vite que possible. Mais le médecin lui a dit : « Tu dois me payer 95 euros ! » La pauvre fille ! Elle ne pouvait plus acheter de grenouille rouge maintenant parce qu'il lui manquait (11)_____. Alors elle a acheté une grenouille verte. Les grenouilles vertes ne sont pas chères. Elle avait assez d'argent.

Mini-conte B

| devient fou/folle | attend avec impatience | s'approche |
| accompagne | jour après jour | ne lui permet pas |

Il y a une fête chez un garçon très populaire, et Annick, une fille très coquine, veut y aller. Jour après jour, elle attend de lui parler. Finalement, elle s'approche de lui à l'école et il l'invite à la fête. Elle devient folle de joie. Jour après jour, elle s'approche de sa mère pour lui demander la permission d'y aller, mais sa mère ne le lui permet pas. Son amie Jeanne l'accompagne pour demander la permission à sa mère, mais chaque jour, sa mère ne le lui permet pas. Jour après jour, elle attend avec impatience de lui demander une nouvelle fois, et elle devient presque folle parce que chaque fois, sa mère ne le lui permet pas. Elle attend trois jours pour s'approcher de son père, mais il ne lui permet pas d'aller à la boum. Quand elle s'approche de son père, et cette fois-çi son amie Lucie l'accompagne, il ne lui donne pas la permission non plus. Jour après jour, elle s'approche de son père, mais il ne le lui permet toujours pas. Elle devient comme folle et elle attend encore deux jours. De nouveau, elle s'approche de ses parents, et cette fois-là ses amies Jeanne et Lucie l'accompagnent. Elle dit à ses parents qu'un ami va l'accompagner à la fête et elle attend avec impatience. Elle devient comme folle en attendant. Finalement, ses parents lui permettent d'aller à la fête !

Elle attend la boum avec impatience. Jour après jour, elle rêve d'une fête avec beaucoup de beaux garçons. Elle devient presque folle en rêvant de la fête. Elle se dit : « Peut-être que ces beaux garçons trébucheront et tomberont les uns sur les autres en s'approchant de moi pour me parler. Ils deviendront fous d'amour pour moi quand ils s'approcheront de moi ! »

Finalement, le jour de la fête arrive et Annick se prépare toute la journée. Elle se peigne soigneusement, elle se maquille et elle met ses beaux vêtements neufs. Elle s'approche du miroir et elle se regarde. Elle pense : « Que je suis jolie ! Tous les garçons vont vouloir s'approcher de moi pour m'accompagner à la boum ! » Elle est sur le point de sortir quand sa mère lui dit : « Annick, attends-moi ! Je t'accompagne à la fête ! » Annick se dit : « Quelle horreur ! Ce n'est pas possible ! Quelle honte d'aller à la fête si Maman m'accompagne. Je vais devenir folle si elle m'accompagne ! » Elle dit donc à sa mère : « Écoute, Maman, je veux y aller seule, s'il te plaît ! » Mais sa mère lui répond sèchement : « Absolument pas ! Ton papa et moi, nous ne te le permettons pas. » Annick pleure et elle monte dans sa chambre. Elle s'approche de la fenêtre et réfléchit : « Hum ! Peut-être que si je… ? »

Mini-conte B : Révision

Je m'appelle Annick. Je ne suis pas très coquine. Au contraire, mes amis pensent que je suis très gentille. La semaine dernière, un beau garçon qui s'appelle Raoul a orga-nisé une petite fête. Il est très populaire, et je voulais vraiment aller à cette fête. J'ai atten-du la fête avec impatience. Je me suis préparée toute la journée, me peignant soigneuse-ment, me maquillant et mettant mes vêtements neufs. J'étais sur le point de sortir quand ma mère est entrée dans la cuisine. Elle m'a dit : « Annick ! Attends-moi ! Je vais t'accompagner à la fête. J'attends toujours l'occasion de t'accompagner à des fêtes et de faire la connaissance de tes amis. » Quelle horreur ! Je ne voulais pas que maman m'ac-compagne à la fête ! Alors, je lui ai dit, « S'il te plaît, maman, je veux y aller seule ». Mais maman ne me l'a pas permis. Alors j'ai beaucoup pleuré et je suis montée dans ma chambre.

Tout à coup, j'ai eu une idée ! Je suis descendue à la cuisine, et je me suis approchée de ma mère. Je lui ai dit : « Maman, est-ce que tu me permets d'aller à la fête avec Klaus ? Il habite dans la famille de mon ami Luc, et il est très grand et très fort. » J'ai attendu avec impatience pendant que maman parlait à mon père. Finalement, ma mère s'est appro-chée de moi et m'a dit : « Bon, je ne vais pas t'accompagner à la fête si Klaus t'accompagne. Klaus t'attend, et tes amis t'attendent à la fête. Vas-y ! » Alors, je suis allée à la fête avec Klaus, le berger allemand de mon ami Luc ! Je me suis approchée de chez Raoul. Quand Raoul m'a vue, il s'est approché de moi et il m'a dit : « Quel chien formidable ! J'adore les bergers allemands ! »

Quand je suis rentrée à la maison, ma mère m'attendait avec impatience, et elle s'est approchée de moi. Elle était furieuse et elle m'a dit : « Je t'attends depuis longtemps. Ton ami Luc a téléphoné. Il m'a dit que Klaus avait oublié son Alpo pour la fête ! » Je suis mon-tée dans ma chambre. Je me suis approchée de la fenêtre et j'ai pensé : « Hmmm ! Est-ce que je sors par la fenêtre pour retourner à la fête ou non ? » Après tout, peut-être que je suis vraiment un peu coquine !

Chapitre un : Pierre et son permis de blesser

√ **Answer the following questions about the story.**

1. Que pense Annick au sujet de sa personnalité ?

2. Qui est Raoul ?

3. Pourquoi est-ce que la maman d'Annick veut l'accompagner ?

4. Quelle est la réaction d'Annick ?

5. Donne quatre raisons pour lesquelles Annick doit ou ne doit pas aller à la fête ?

    1.

    2.

    3.

    4.

Mini-conte B : Révision #2

« Génie » est un étudiant très intelligent. Il attend les examens avec impatience car il adore les examens. Il habite dans un appartement à Montmartre où jour après jour, il étudie nuit et jour dans sa chambre. Un jour, alors qu'il étudie pour un examen très important, il y a une panne d'électricité. Il ne peut donc pas étudier chez lui et il décide d'aller dans un café sur la Place des Artistes. Il commande un grand café noir, et il commence à étudier. Tout à coup, il voit une artiste superbe. Il devient fou en la regardant. Mais quelle chance ! Elle s'approche de lui et lui demande : « Vous voulez bien me permettre de vous dessiner ? Vous avez un visage tellement intéressant ! » Elle est si charmante qu'il le lui permet. Jour après jour, elle dessine, et Génie attend avec impatience. Il devient fou parce qu'elle ne lui permet pas d'étudier quand elle dessine. Il est désespéré parce qu'il rate son examen. Le dessin est enfin fini, et quand Génie s'en approche, il s'écrie : « Oh non ! Ce n'est pas moi ! C'est un dessin de... ! »

Lecture Culturelle : La mode

La France est très célèbre pour la mode vestimentaire. En général, les français sont plus élégants que les Américains lorsqu'ils s'habillent pour les activités de tous les jours, par exemple quand ils font les courses , qu'ils vont au restaurant, et même quand ils vont manger du fastfood !

Chaque année, il y a un grand spectacle où l'on présente les nouveaux styles de l'année. Les photographes, les représentants de magasins chics, les personnes riches qui s'habillent élégamment attendent tous avec impatience le défilé de mannequins sur les pistes de Chanel, Christian Dior, Yves Saint-Laurent, ainsi que beaucoup d'autres.

Bien sûr les critiques de la mode viennent aussi, ainsi que les représentants de boutiques chères du monde entier qui veulent acheter ces nouveaux vêtements pour leur clientèle. Tout le monde devient comme fou en attendant le défilé sur la piste. Et les ados français ? Ils préfèrent les jeans et les t-shirts comme les ados américains !

Questions à discuter :

1. Est-ce que les Américains s'intéressent à la mode autant que les Français ?

2. Où est-il déconseillé de porter des jeans ? Pourquoi ?

3. La mode est-elle plus simple maintenant qu'autrefois ? Pourquoi ou pourquoi pas ?

4. As-tu le droit de porter n'importe quels vêtements dans ton lycée ou bien y a t-il des règles vestimentaires? Qu'en penses-tu ?

5. Aimerais-tu porter un uniforme au lycée ? Pourquoi ou pourquoi pas ?

Mini-conte C

Aïe ! ça fait mal ! se blesse	le plâtre du tout	est tellement heureux que mauvaise nouvelle

Il y a un garçon qui s'appelle Georges. Georges n'aime pas du tout l'école. Il devient fou lorsqu'il pense à l'école. Jour après jour, sa mère lui annonce la mauvaise nouvelle : « Georges, il est 7h30. Tu dois aller à l'école. » Jour après jour, George va à l'école. Jour après jour, Georges rêve de vacances. Georges est heureux quand les vacances arrivent. Il est tellement heureux qu'il crie : « Youpi ! » Pendant les vacances, Georges peut faire la grasse matinée tous les jours. Il peut jouer au foot avec ses amis. Il peut aller à la piscine avec ses amis. Tous les jours, Georges va à la piscine. Il joue au foot. Il s'amuse comme un fou ! Il adore l'été. Il peut jouer toute la journée.

Georges est un peu bizarre. Il aime prendre des risques. Il aime surtout monter au sommet des montagnes. Personne ne l'accompagne parce que c'est trop dangereux. Georges n'a pas peur. Mais sa mère a peur, elle. Elle lui dit : « Georges, ne monte pas au sommet des montagnes. C'est trop dangereux. Ton père et moi, nous ne te le permettons pas ! » Jour après jour, Georges s'amuse. Il nage, il joue au foot, il monte en haut de la montagne.

Mais quand le mois de septembre arrive, Georges est triste. Il ne veut pas du tout retourner à l'école. Il est triste quand il pense à l'école. Un jour sa mère lui annonce la mauvaise nouvelle. « Demain, tu vas aller à l'école ! C'est la rentrée ! » Georges est si triste qu'il quitte la maison en pleurant. Il court aussi vite que possible jusqu'au sommet de la montagne. Il se dit : « Ma mère ne me trouvera pas. Je n'irai pas à l'école ! »

Mais malheureusement, il trébuche et il tombe. Il se blesse les deux bras. Il crie : « Aïe ! Ça fait mal ! » Il va vite chez le médecin parce qu'il veut y arriver aussitôt que possible. Ses bras lui font très, très mal. Le médecin lui dit : « Mon enfant, il faut que je t'apprenne une très mauvaise nouvelle. Tu t'es cassé les deux bras. Je vais donc te mettre deux plâtres. Tu ne peux pas retourner à l'école. Il faut que tu restes au lit ! » Quand le médecin lui annonce cette mauvaise nouvelle, Georges n'est pas du tout triste. Pour lui, ce n 'est pas une mauvaise nouvelle. Il est même très heureux ! Il est si joyeux qu'il crie et danse comme un fou. Le docteur va lui mettre deux plâtres et il attend les plâtres avec impatience. Quand le docteur lui met les plâtres, il est si heureux qu'il fait une bise au docteur. Le docteur n'aime pas du tout ça et Georges a honte car il a embrassé le médecin très, très fort. Le médecin crie : « Aïe ! Ça fait mal ! »

√ Answer the following questions about Mini-conte C

1. Pourquoi est-ce que Georges aime l'été ?

2. Est-ce que tu préfères l'été ou l'hiver ? Pourquoi ?

3. Qui accompagne Georges quand il monte en haut de la montagne ?

4. Est-ce que la mère de Georges lui permet de monter en haut de la montagne ?

5. Quand Georges tombe, qu'est-ce qu'il se casse ?

6. Combien de plâtres est-ce que le médecin met à Georges ?

Mini-conte C : Révision

Je suis un garçon qui aime les grenouilles. Ma mère ne me permet pas d'avoir de grenouilles à la maison, mais je cache mes grenouilles dans une grande boîte sous mon lit. Mes grenouilles sont folles de joie quand je m'approche d'elles. Chaque jour après l'école, je rentre chez moi aussitôt que possible parce que je veux jouer avec mes grenouilles. Quand mes parents s'approchent de ma chambre, je cache mes grenouilles sous mon lit. J'aime toutes mes grenouilles, mais ma grenouille préférée est une grenouille qui s'appelle Mimi. Je pense que Mimi est très belle. Mimi est de couleur vert vif. J'ai acheté Mimi à Wal-Mart. D'habitude Mimi est très sage, mais hier, Mimi n'était pas sage du tout.

Hier, Mimi voulait m'accompagner à l'école. Mimi voulait apprendre le français. Elle avait déjà acheté un livre de français (Raconte-Moi Davantage). Mimi voulait aussi acheter une carte de France , mais il lui manquait $8. Quand Mimi m'a dit qu'elle voulait m'accompagner

Chapitre un : Pierre et son permis de blesser

à l'école, je lui ai dit que non, qu'elle ne le pouvait pas. Je lui ai dit que le professeur ne le permettrait pas du tout. Je lui ai dit qu'elle ne pouvait pas m'accompagner à l'école. Quand je lui ai appris la mauvaise nouvelle, Mimi était si triste qu'elle a pleuré pendant une heure.

Je suis allé à l'école sans Mimi. Mimi est devenue folle. Elle voulait aller à l'école. Elle voulait apprendre le français. Mais Mimi est un peu coquine. Elle s'est approchée de la fenêtre et elle a sauté. Malheureusement elle est tombée par terre et elle s'est cassé les jambes. Elle a crié : « Aïe ! Ça fait mal ! » Elle est allée chez le médecin et le médecin lui a mis deux petits plâtres.

Mimi ne pouvait pas marcher du tout, alors elle a téléphoné à un taxi. Le taxi a amené Mimi aussi vite que possible à l'école. Malheureusement il s'est heurté contre un arbre. Mimi était blessée. Elle s'était cassé le bras. Elle a crié : « Aïe ! Ça fait mal ! » Le médecin lui a mis un autre plâtre. Pauvre Mimi ! Elle a essayé de sauter jusqu'à l'école, mais elle a trébuché et elle est tombée encore une fois. Cette fois-çi, elle s'est cassé le nez ! Ça faisait mal. Mimi est rentrée à la maison.

Après l'école, je suis rentré chez moi aussi vite que possible. D'abord j'ai mangé un morceau de gâteau, puis je suis monté dans ma chambre. Quand j'ai vu Mimi, je suis devenu fou. La pauvre Mimi – le nez cassé, les jambes cassées, le bras cassé, Mimi pleurait et criait : « Aïe ! Ça fait mal ! Je suis blessée ! » Je me suis approché de Mimi et je l'ai embrassée.

Quand je l'ai embrassée, Mimi s'est transformée en superbe princesse ! Quelle surprise ! Je lui ai donné un autre baiser. Le lendemain, la Princesse Mimi est venue à l'école avec moi. Tout est bien qui finit bien.

√ Write a short description about how you or someone you know was injured.

_____

_____

_____

_____

_____

_____

_____

_____

Lecture Culturelle : Le Mont Blanc

Le Mont Blanc est la montagne la plus haute de France et des Alpes. Le Mont Blanc est d'une hauteur de presque 5.000 mètres ! Il se trouve sur la frontière française, très près de la Suisse et de l'Italie. Quand on est en haut du Mont Blanc, on voit très, très loin. Cette montagne s'appelle "le Mont Blanc" parce qu'il y a toujours de la neige au sommet. Même en été, la neige ne fond pas. Quand on pense au Mont Blanc, on imagine une jolie carte postale.

Le Mont Blanc se trouve dans le département de Haute-Savoie. La Haute-Savoie est à l'est de la France. Avant la Révolution de 1789, la France était divisée en provinces. Mais aujourd'hui le pays est divisé en départements. Il y en a 95. Un département est plus petit qu'une province. Dans les montagnes de Haute-Savoie, les maisons s'appellent des chalets. On voit beaucoup de vaches et on peut y manger une spécialité régionale qui s'appelle la fondue.

En hiver, les écoles françaises sont fermées pendant une semaine. Ce sont les vacances d'hiver et les élèves vont souvent faire du ski dans les Alpes ou dans les Pyrénées. Les parents ne permettent pas à leurs enfants de skier trop vite. Si on tombe en montagne, on risque de se casser la jambe et de se blesser. C'est difficile de skier avec un plâtre !

Cette photo a été prise près du sommet du Mont Blanc et survole les Alpes françaises. Le Matterhorn se voit à l'arrière plan. Toute l'année les skieurs et les touristes peuvent prendre une télécabine pour aller au sommet. Même si c'est l'été en bas de la montagne, au sommet c'est toujours l'hiver ! On voit le câble de la télécabine sur la photo. C'est haut et escarpé !

Mini-conte D

se plaint	réussit	s'entraîne à conduire
finit par	essaie d'impressionner	pour améliorer

Il y a un garçon qui s'appelle André. André est un garçon qui se plaint beaucoup. Il se plaint parce qu'il ne réussit pas à se trouver de petite amie. Il se plaint parce qu'il ne réussit pas à faire de sport. Il veut s'entraîner à faire du sport pour améliorer ses chances de se trouver des filles. Il se plaint parce que ses parents sont trop sévères. Il se plaint parce qu'il veut aller dans les fêtes pour améliorer ses chances de se trouver des filles. Il veut s'entraîner à bien conduire pour améliorer ses chances de se trouver des filles. Il se plaint de tout ! Il vient d'avoir dix-huit ans, et il essaie d'impressionner une fille dans sa classe qui s'appelle Amélie. Il veut acheter une voiture pour l'impressionner. Alors il s'approche de son père et il se plaint en disant qu'il n'a pas de voiture. Finalement, il parvient à ses fins car son père finit par lui permettre d'acheter une voiture. Il est fou de joie, et il finit par acheter une vieille Peugeot noire afin d'améliorer ses chances de sortir avec Amélie. Il est très heureux de sa nouvelle voiture, mais il y a un petit problème. André ne sait pas conduire.

Il s'entraîne donc à conduire dans une auto-école près de son lycée. Il essaie d'impressionner l'examinateur, mais il conduit mal. Il tourne à gauche et à droite, il se plaint des feux rouges, et il fini par se heurter contre un arbre ! Il finit par monter sur le trottoir. L'examinateur se plaint beaucoup parce qu'il s'est blessé la main, il s'est blessé la tête, il s'est blessé les genoux. Ils continuent, et l'examinateur devient fou quand il pense à ce garçon qui ne s'entraîne pas bien, qui se plaint toujours, mais qui voudrait améliorer sa façon de conduire pour impressionner Amélie.

Tout à coup, André voit Amélie qui marche sur le trottoir ! Il essaie de l'impressionner, alors il ne se plaint plus et se met à conduire comme un expert. Il finit par impressionner Amélie, et l'examinateur finit par lui donner son permis de conduire. Maintenant, André ne se plaint plus, mais il n'est pas encore tout à fait satisfait. Il décide de s'entraîner pour le Grand Prix du Mans afin d'impressionner Amélie encore une fois ! Il finit par impressionner Amélie. Il devient fou de joie et il conduit Amélie dans les fêtes !

Mini-conte D : Révision

Il y avait un garçon qui s'appelait Victor. Il voulait impressionner les filles. Alors il a décidé de s'entraîner pour les Jeux Olympiques. Mais Victor était un garçon qui se plaignait toujours. Il se plaignait de sa famille, il se plaignait des profs, il se plaignait de la nourriture à l'école, bref, il se plaignait de tout ! Alors, il a fini par accompagner l'équipe de ski olympique pour qu'ils s'entraînent à bien skier. Ils sont allés à Chamonix pour s'entraîner dans les Alpes. Mais chaque jour, Victor se plaignait. Il se plaignait du froid, il se plaignait des heures d'entraînement, il se plaignait du régime pour les athlètes. Il se plaignait des pistes difficiles. Jour après jour, il se plaignait comme un gros bébé ! Finalement, il a fini par réussir à bien skier, mais malheureusement, le dernier jour d'entraînement, il est allé à la montagne, une très haute montagne près de Chamonix. Il a trébuché et il est tombé au bas de la montagne. « Aïe, que ça fait mal ! » s'est-il dit. Il s'est cassé la jambe gauche. L'équipe olympique l'a accompagné à l'hôpital, et le docteur lui a mis un plâtre. Il lui a donné des béquilles. Victor est devenu presque fou parce qu'il avait tellement voulu impressionner les filles par sa façon de skier ! Il est rentré chez lui, et toutes les filles se sont vite approchées de lui. Maintenant, il ne se plaignait plus, parce qu'il avait enfin réussi à impressionner les filles avec sa jambe dans le plâtre !

√ **Answer the following questions about the revision.**

1. Comment les garçons essaient-ils d'impressionner les filles ?

2. Est-il possible de faire du ski près de ta ville ? Si oui, où ?

3. Qui essaie le plus d'impressionner les autres ? Les filles ou les garçons ?

4. Est-ce que tu t'es déjà cassé un membre du corps? Lequel ? Décris les circonstances.

5. Quel évènement des Jeux Olympiques est-ce que tu préfères, et pourquoi ?

Lecture Culturelle : Chamonix et Les Jeux Olympiques

Sais-tu que les premiers Jeux Olympiques d'hiver ont eu lieu en 1924 à Chamonix, un village dans les Alpes ? Depuis ce temps-là, les sports d'hiver sont devenus très populaires. Les petits villages de montagne étaient presque inconnus avant le 18e siècle. Maintenant, plus de 60% des Français passent leurs vacances d'hiver dans tous ces villages pittoresques, faisant du ski ou des randonnées pendant la journée, et le soir, se réchauffant près du feu dans les chalets et les hôtels ! De la fondue au fromage, un petit verre de vin rouge, et bien sûr du bon pain français, voilà la joie de vivre en hiver dans les Alpes françaises !

Les athlètes olympiens doivent suivre un horaire très strict, avec beaucoup de discipline personnelle. Il faut manger soigneusement et pratiquer son propre sport pendant plusieurs heures par jour afin de rester en forme et améliorer sa chance de gagner.

Le patinage est un sport olympien très populaire que les spectateurs adorent regarder. Michelle Kwan, Sasha Cohen, et Amy Hughes sont très célèbres aux Etats-Unis. La planche à neige et les sports extrêmes sont maintenant des sports olympiens, et les athlètes comme Shawn White réussissent à faire beaucoup de fans. Avec ses cheveux roux, on l'appelle La tomate volante. Mais aussi doué qu'on soit, il faut sacrifier une grande partie de sa jeunesse si on veut atteindre un niveau olympien.

Chaque année, beaucoup de touristes visitent la petite ville française de Chamonix pour monter en télécabine au sommet du Mont Blanc.

Answer the following questions.

1. Tu habites assez près d'une station de ski ?

2. Que préfères-tu regarder à la télé ? Les sports d'hiver ou les sports d'été ?
    Pourquoi ?

3. Es-tu fana des Jeux Olympiques ? Pourquoi ou pourquoi pas ?

4. Que faut-il faire pour devenir athlète au niveau olympique ?

5. Si tu n'es pas sportif, qu'est-ce qui t'intéresse comme activités ?

Draw a picture of your favorite activity. Show your drawing to a classmate and describe (in French) the activity and tell him/her why you like it.

Pierre et son permis de blesser

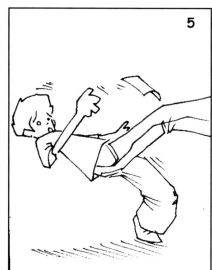

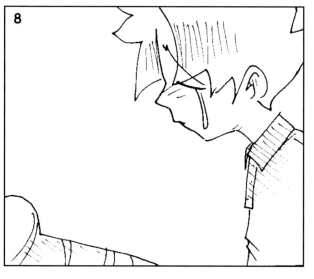

Pierre et son permis de blesser

Un garçon, qui s'appelle Pierre vient d'avoir 18 ans. A présent, il peut passer son permis de conduire et il veut le faire aussitôt que possible. Mais ses parents ne sont pas d'accord. Ils sont préoccupés car Pierre ne conduit pas bien. Il essaie toujours d'impressionner les filles lorsqu'il conduit. Ils sont aussi fâchés parce que Pierre n'a pas de bonnes notes à l'école. À cause de cela, ils ne lui permettent pas de passer son permis de conduire. Ils lui disent : « Pierre, tu dois étudier afin d'améliorer tes notes. Tu dois aussi t'entraîner afin de mieux conduire. » Pierre ne veut pas étudier; il veut s'entraîner à conduire. Mais il y a un problème. Ses parents ne veulent pas l'accompagner lorsqu'il s'entraîne s'il n'a pas de bonnes notes.

Alors, Pierre étudie et étudie car la fin du premier semestre approche et il y a des examens de fin d'année à passer. Pierre est préoccupé et attend les examens avec impatience. Finalement, le jour des examens arrive et Pierre tremble d'émotion. Il finit de passer ses examens et jour après jour, il attend les résultats avec impatience. Un semaine après, les résultats arrivent enfin. Pierre a réussi dans toutes les matières. Il peut enfin s'entraîner à conduire. Tant d'émotions !

Pierre est si joyeux qu'il crie et court dans toute la maison. Il passe par la cuisine et sa maman lui dit : « Pierre, calme-toi ! Tu vas te blesser ! Ça suffit ! » À cet instant, Pierre trébuche et tombe violemment sur le sol. Il n'arrive pas à se lever car il a très mal à la jambe. Sa maman l'emmène à l'hôpital et le docteur lui dit : « Pierre, tu t'es cassé la jambe. Nous allons te mettre un plâtre et tu auras la jambe dans le plâtre pendant au moins six semaines. » Pierre n'arrive pas le croire. C'est une blague cruelle. À présent, il ne peut plus marcher et le plus grave est qu'il ne peut plus s'entraîner à conduire. Pierre pleure et pleure toute la nuit comme un bébé.

Jour après jour, Pierre ne pense qu'à passer son permis de conduire. Pendant les cours, il ne pense qu'à conduire et ne prête attention à rien. Cela affecte ses notes, et encore une fois, ses parents se fâchent et lui disent : « Pierre, il ne te reste plus que trois semaines à poerter ton plâtre. Tu dois améliorer tes notes parce que nous ne te permettons pas de conduire avec de mauvaises notes. » Pierre est très déprimé. Il ne veut pas étudier parce qu'il ne peut pas se concentrer sur ses études. Il ne pense qu'à conduire.

Finalement, les six semaines passent et Pierre va chez le docteur. Il est très inquiet car le docteur va lui retirer le plâtre. Le docteur entre dans la salle et lui montre les résultats de la radio. Il dit à Pierre : « Pierre, j'ai de mauvaises nouvelles. Ta jambe est encore cassée. Je ne peux pas t'enlever ton plâtre aujourd'hui. Tu dois le porter deux semaines de plus. » À cette nouvelle, Pierre deviant comme fou. Il reste dans sa chambre pendant trois jours où il ne fait que se plaindre et encore une fois il n'arrête pas de pleurer comme un gros bébé.

Chapitre un : Pierre et son permis de blesser

√ Write V (vrai) or F (faux) according to the episode.

_____ 1. Le garçon vient d'avoir 15 ans.

_____ 2. Les parents de Pierre veulent qu'il ait son permis de conduire aussitôt que possible.

_____ 3. Ses parents ne vont pas l'accompagner lorsqu'il s'entraîne s'il n'a pas de bonnes notes.

_____ 4. Pierre crie et court parce qu'il est fâché.

_____ 5. Quand Pierre a la jambe dans le plâtre, il étudie beaucoup.

_____ 6. Pierre porte le plâtre pendant six semaines.

_____ 7. Pierre reste dans sa chambre pour beaucoup étudier.

_____ 8. Pierre se fiche de ne pas obtenir son permis.

√ Rewrite the following statements in order, according the events of the episode.

_____ Pierre étudie beaucoup.
_____ Pierre reste dans sa chambre, pleure et se plaint.
_____ Pierre vient d'avoir 18 ans.
_____ Pierre est si joyeux qu'il crie et court dans toute la maison.
_____ Le docteur lui met un plâtre.
_____ Pierre va chez le docteur une deuxième fois.

1.

2.

3.

4.

5.

6.

√ Answer the following questions about the episode.

1. Qu'est-ce que Pierre veut faire ?

2. Pourquoi est-ce que les parents de Pierre ne sont pas d'accord qu'il passe son permis de conduire ?

3. Pourquoi est-ce que Pierre doit étudier ?

4. Pourquoi est-ce que la maman de Pierre lui dit : « Calme-toi ! » ?

5. Pendant combien de temps est-ce que Pierre doit porter son plâtre ?

6. Qu'est-ce qui est une blague cruelle ?

7. Pourquoi est-ce que Pierre ne peut pas se concentrer sur ses études ?

8. Comment est-ce que Pierre se sent lorsque le docteur lui dit qu'il doit porter un plâtre deux semaines de plus ?

√ Write a mini-version of Episode 1 as if you were *Pierre*. Change and include the following verbs in the order in which they are listed.

1. vient d'   Je viens d'avoir... _____

2. veut   _____

3. étudie   _____

4. réussit   _____

5. est heureux   _____

6. se blesse   _____

7. va   _____

8. lui met   _____

9. est déprimé   _____

10. retourne   _____

11. devient fou   _____

12. pleure   _____

Chapitre deux :
Pierre est pressé

Mini-conte A

met/enlève la ceinture de
sécurité

démarre

ça/cela dure longtemps

plus triste que d'habitude

en panne

prudemment

Mini-conte B

ne t'inquiète pas

laisse-moi conduire

est pressé

le supplie

plus lentement que

allons-y !

Mini-conte C

est désespéré

il ne peut pas respirer

il se promène

il se heurte

il refuse d'y aller

le panneau stop

Mini-conte D

maladroit/maladroite

d'ailleurs

la/le/les salue

Vraiment ?

se rend compte

Sans blague !

Mini-conte A

met/enlève la ceinture de sécurité	démarre
ça/cela dure longtemps	plus triste que d'habitude
en panne	prudemment

Un garçon est plus triste que d'habitude et sa maman s'inquiète. Elle lui dit : « Tu as l'air un peu plus triste que d'habitude aujourd'hui. Qu'est-ce qui ne va pas ? » Alors, il lui raconte cette histoire très bizarre et très triste. « Eh bien, Maman, j'ai demandé à Monique d'aller faire un tour en voiture comme elle n'avait pas encore vu l'auto que j'ai achetée la semaine dernière. Je voulais l'impressionner parce que je veux qu'elle m'accompagne à une petite fête samedi soir chez Joseph Bontemps.

Nous sommes montés dans l'auto, nous avons mis nos ceintures de sécurité comme d'habitude parce que nous sommes prudents. J'ai mis le contact et le moteur a démarré. Je conduisais prudemment comme d'habitude, mais tout à coup, une grosse mouche noire a volé et s'est mise dans mon nez. Sans réfléchir, j'ai mis mon doigt dans le nez pour la faire sortir. Ça a duré longtemps, car la mouche se plaisait bien dans mon nez ! Quand Monique m'a vu avec le doigt dans le nez, elle s'est écriée : « C'est dégoûtant ! Tu manges tes crottes de nez maintenant ? Arrête la voiture ! Je ne veux plus jamais me promener avec toi ! » Je me suis arrêté prudemment aussitôt que j'ai pu. Elle a enlevé sa ceinture de sécurité. Elle est descendue de ma voiture sans me dire au revoir, sans me regarder. Et c'est pourquoi je suis encore plus triste que d'habitude !

√ Answer the following questions as if you were the boy.

1. Qu'est-ce que tu racontais à ta maman ?

2. Où alliez-vous tout d'abord vous promener ?

3. Où étiez-vous quand la mouche a volé et s'est mise dans ton nez ?

4. Combien de temps t'es-tu mis le doigt dans le nez ?

5. Qu'as-tu dit à Monique quand elle t'a regardé ?

Mini-conte A : Révision

Je m'appelle Didier, et je suis plus triste que d'habitude. J'avais une voiture que je voulais vendre aussitôt que possible. Elle n'était pas en panne, mais je l'avais depuis long-temps, et je voulais acheter une nouvelle voiture de sport ! Alors, j'ai mis une pancarte sur la voiture : « À vendre ». Cela a duré longtemps, et j'étais désespéré de ne pas la vendre. Un garçon s'est arrêté devant chez moi et il est devenu fou en regardant ma voi-ture. Il l'a regardée pendant pas mal de temps. Il voulait savoir si la voiture était en panne ou si elle démarrerait bien.

Finalement, il a voulu conduire ma voiture aussitôt que possible. Il est monté prudem-ment dans la voiture. Il a aussi mis sa ceinture de sécurité prudemment, et il a démarré. Mais en route, la ceinture de sécurité s'est cassée, l'a frappé sur la tête et l'a blessé. La radio s'est cassée et le moteur est tombé en panne. Il était désespéré. Le garçon a crié : « Cette voiture est terrible. Elle ne démarre pas bien et elle est en panne. » Ma voiture était en panne et j'étais plus désespéré que jamais. Le garçon m'a dit : « Écoute, cette voiture est en panne. La ceinture est cassée, la radio est cassée, le moteur ne démarre pas bien et il est cassé. Elle est vraiment en panne. De plus, je suis blessé. Mais j'aime beau-coup la couleur. Donc, je te donne $50 pour cette voiture. »

J'étais fou de joie parce qu'il avait acheté ma pauvre voiture qui ne roulait plus! Je n'étais plus désespéré. Mais quand j'ai raconté l'histoire à mon père, il m'a dit : « Espèce d'imbécile ! Ce garçon est le fils d'un très bon mécanicien . Il va la réparer aussitôt que possible et la vendre pour beaucoup plus que $50. » Après cette mauvaise nouvelle, j'étais plus triste que jamais. Et cela a duré longtemps.

Chapitre deux : Pierre est pressé

Questions personnelles

√ Answer the following questions.

1. Est-ce que tu achèterais une voiture en panne ? Pourquoi ou pourquoi pas ?

2. Est-ce que la couleur est importante ? Pourquoi/pourquoi pas ?

3. Quelle marque (make) de voiture a ta famille ?

4. Quelle marque préfères-tu ?

5. Est-ce que tu aimes les courses de Nascar ? Pourquoi/pourquoi pas ?

Lecture Culturelle : L'autoroute et le TGV

En France, comme aux États-Unis, il y a beaucoup d'autoroutes. Mais attention, les jeunes ! Il faut beaucoup de patience pour attendre d'avoir le permis de conduire. En effet, on ne peut l'obtenir qu'à l'âge de 18 ans, mais par contre, on peut conduire une moto à 14 ans. La plupart des Français conduisent des voitures très petites pour deux raisons : l'économie et le stationnement. L'essence coûte très cher en France, et il est difficile de garer les voitures, vu que les rues sont étroites et qu'il y a beaucoup de gens dans les villes. En plus, la circulation est difficile.

C'est pour ça que les gens préfèrent prendre le train. Ça ne coûte pas cher, on n'a pas besoin d'attendre longtemps car les trains sont toujours à l'heure et on peut se reposer en route.

Le TGV est un train rapide. TGV est l'abréviation de Train à Grande Vitesse. C'est la propriété de la SNCF (Société nationale des chemins de fer français). Sa vitesse maximum est de 322 milles par heure, mais en général, il ne dépasse pas les 186 milles ! Par exemple, un voyage de Paris à Lyon ne prend que deux heures ! Il est possible de prendre le train 24 heures sur 24, 7 jours par semaine et même d'aller dans d'autres pays d'Europe, ce qui est super pour les touristes qui ne veulent pas risquer de se perdre ou d'avoir un accident dans un pays étranger. En effet, ce ne serait pas très amusant !

√ Would you rather ride on the TGV or on Amtrak? Write a 100-word essay explaining which you would prefer to ride and why. Include at least three facts about each to support your answer.

Mini-conte B

ne t'inquiète pas	laisse-moi conduire	est pressé
le supplie	plus lentement que	allons-y !

Il y a une femme qui va avoir un bébé. Elle s'inquiète parce que le bébé est sur le point de naître. Il va bientôt arriver. Elle veut arriver à l'hôpital aussitôt que possible. Elle supplie son mari de la conduire aussitôt que possible à l'hôpital. Elle dit à son mari : « Je suis pressée. Il faut aller à l'hôpital aussi vite que possible. Allons-y ! » Son mari n'est jamais pressé. Il marche plus lentement qu'une tortue. Il ne s'inquiète pas. Il dit à sa femme : « Laisse-moi regarder la télé encore dix minutes. » Il veut regarder un match de foot et il lui dit : « Ne t'inquiète pas. Le bébé ne viendra pas aussi vite que ça. » La femme s'inquiète quand même. Elle est fâchée et elle le supplie encore : « Allons-y tout de suite ! » Son mari lui répond : « D'accord, mais laisse-moi manger un morceau de gâteau avant de partir. » Il le mange plus lentement qu'un escargot. Il n'est pas pressé. Il ne s'inquiète pas.

La femme va dans le garage. Elle est pressée. Elle s'inquiète. Elle monte dans la voiture, une Citroën, et elle attend son mari. Elle ne met pas sa ceinture de sécurité. Elle voudrait bien la mettre, mais elle ne le peut pas. Elle essaie de la mettre, mais elle ne réussit pas à la mettre parce qu'elle est trop grosse. Elle laisse donc la ceinture de sécurité de côté. Désespérée, elle crie : « Je n'arrive même pas à mettre ma ceinture de sécurité ! Ce bébé sera très gros ! » Son mari n'est pas pressé. Il ne s'inquiète pas. Il regarde le match de foot et il crie : « Allez-y Marseille ! » Sa femme se plaint. Elle s'inquiète et elle

Chapitre deux : Pierre est pressé

le supplie encore une fois : « Dépêche-toi ! Allons-y vite. Je suis pressée ! » Son mari répond : « Laisse-moi téléphoner à ma mère avant de partir. » Il n'est pas pressé.

Le mari finit par arriver. Il monte dans la Citroën. Il monte dans la Citroën plus lentement qu'un vieil homme. Il met sa ceinture de sécurité. Il la met plus lentement qu'une tortue. La voiture va démarrer, mais il n'a pas la clé. L'homme a laissé la clé à l'intérieur de la maison. Il dit à sa femme : « Il faut que j'aille chercher la clé. » Sa femme le supplie de se dépêcher. Elle crie : « Dépêche-toi ! Partons tout de suite ! » Le mari revient avec la clé. Il revient plus lentement qu'une tortue. Il monte encore une fois dans la voiture. La voiture démarre et le mari la conduit à l'hôpital. Il conduit plus lentement qu'un vieil homme. Il n'est pas pressé. Il ne s'inquiète pas. Le mari est tellement heureux qu'il chante. Il chante La Marseillaise. Il chante : « Allons enfants de la patrie ! » Sa femme devient folle. Elle le supplie d'arrêter de chanter. Elle crie : « S'il te plaît, ne chante pas ! Allons-y vite ! » Mais son mari répond : « Ne t'inquiète pas ! Le bébé ne sera pas là avant demain. Laisse-moi chanter. »

Le mari n'est pas pressé. Il conduit lentement. Il conduit plus lentement qu'un vieil homme. Il respecte toujours le code de la route. Le trajet dure longtemps et la femme est préoccupée parce que le bébé va arriver. Elle supplie son mari. « S'il te plaît, conduis plus vite ! » Il lui répond : « Je respecte toujours le code de la route. » Alors, elle le supplie encore une fois : « S'il te plaît, laisse-moi conduire ! » Mais le mari ne la laisse pas conduire et la femme accouche (elle a le bébé) dans la voiture. Ils l'appellent Citroën. Quand le mari voit le bébé, il est très inquiet parce que le bébé est chauve ! Il est tellement inquiet qu'il crie : « Notre petit Citroën est chauve. Qu'est-ce que nous allons faire ? » Sa femme lui dit : « Ne t'inquiète pas. Tous les bébés sont chauves. »

√ **Answer the following questions about the story.**

1. Pourquoi la dame est-elle pressée ?

2. Qui ne s'inquiète pas ?

3. Pourquoi est-ce que la dame ne met pas sa ceinture de sécurité ?

4. Le mari laisse-t-il sa femme conduire ?

5. À la fin de l'histoire, le mari s'inquiète. Pourquoi ?

Mini-conte B : Révision

√ **Write an ending for this story. (100 words)**

Je suis un garçon. Je m'appelle Guillaume. Hier soir j'étais pressé. Je ne voulais pas être en retard pour mon match de football à 6h30. Mes amis m'attendaient impatiemment au stade. J'avais déjà fini tous mes devoirs. J'ai supplié ma mère : « Maman, laisse-moi partir. Je ne veux pas être en retard. » Je voulais partir aussitôt que possible, mais ma mère ne m'a pas permis de partir sans dîner. Elle avait préparé un grand dîner. Mon père n'était pas encore rentré du bureau et elle ne voulait pas manger sans lui. Ma mère m'a dit : « Je ne te laisserai pas partir sans dîner. » Je ne voulais pas être en retard et j'ai supplié ma mère de manger aussitôt que possible. Je lui ai dit : « Écoute, Maman, je suis pressé ! Laisse-moi partir, s'il te plaît ! » Elle s'est approchée de moi et elle m'a dit : « Ne t'inquiète pas. Ton père arrive. »

Nous avons commencé à manger, mais mon père mangeait plus lentement qu'une tortue. Je me suis plaint. Je l'ai supplié de manger plus vite. Je lui ai dit : « Papa, je suis pressé. Laisse-moi partir, s'il te plaît ! » Mais mon père a répondu : « Ne t'inquiète pas. Tu ne vas pas être en retard. »

J'étais tellement inquiet que j'ai donné mon dîner au chien. J'ai dit : « J'ai fini mon dîner. Laissez-moi partir maintenant. » Quand ma mère a vu que mon chien mangeait mon dîner...

_____

_____

_____

_____

_____

_____

_____

_____

_____

_____

_____

_____

_____

Lecture Culturelle : Le permis de conduire

En France, quand on a dix-huit ans, on peut obtenir un permis de conduire. Les jeunes Français se plaignent parce qu'il est très difficile de réussir à cet examen. Aux États-Unis, les jeunes apprennent à conduire au lycée ou bien leurs parents leur apprennent à conduire. Mais en France on n'apprend pas au lycée. Il faut aller dans une auto-école pour apprendre à conduire. Les leçons coûtent très cher. Il faut s'entraîner à conduire avec un moniteur ou une monitrice. Il faut aussi apprendre le code de la route. Si on ne réussit pas à l'examen, on doit le repasser . Il ne faut pas être pressé quand on conduit. Il faut mettre sa ceinture de sécurité. Il faut aussi démarrer lentement. Quand on passe son permis de conduire en France, il reste valable toute la vie.

√ **Answer the following questions about the cultural reading.**

1. Quel âge faut-il avoir pour passer le permis de conduire en France ? Aux États-Unis ?

2. Pourquoi est-ce que les Français se plaignent de l'examen ?

3. Où est-ce qu'on apprend à conduire en France ?

4. À ton avis, est-ce qu'il est plus facile d'avoir son permis en France ou aux États-Unis ? Pourquoi ?

√ **Write a brief description about how you obtain your permit / driver's license in your city or state.**

_____

_____

_____

_____

_____

_____

Mini-conte C

est désespéré	il n'arrive pas à respirer	il se promène
il se heurte	il refuse d'y aller	le panneau de signa-
lisation		

Marc est un garçon qui habite à la campagne. Il est triste chaque fois qu'il se promène dans une grande ville. Pourquoi ? Parce qu'il devient fou dans les grandes villes. Il est désespéré quand il est dans une grande ville. Jour après jour, il refuse d'y aller parce qu'il n'arrive pas à respirer dans les grandes villes. Quand il se promène et qu'il s'approche de grands édifices, il est triste et il refuse d'y entrer. Il se heurte contre les portes des édifices. Il n'arrive pas à respirer dans les grands immeubles. En plus, il ne comprend pas les panneaux de signalisation. Il se dit : « Ce sont les voitures qui doivent s'arrêter ou moi ? Je ne comprends pas. Je refuse de traverser la rue ! » C'est pour cela qu'il est désespéré et qu'il se heurte souvent contre les panneaux de signalisation. Il se promène prudemment parce qu'il est désespéré, et il se blesse lorsqu'il se heurte contre les panneaux de signalisation. Il n'arrive pas à respirer. Il a un tas de problèmes, le pauvre !

Mais un beau jour de printemps, son meilleur ami s'approche de lui et lui demande de l'accompagner dans une grande ville. Il lui demande de l'accompagner à Paris. Marc est désespéré. Il refuse d'y aller parce qu'il n'arrive pas à respirer dans les grandes villes. Marc n'arrive même pas à respirer en pensant à un voyage en ville. Et Paris ! Une énorme ville ! Il a peur de se heurtercontre les panneaux de signalisation à Paris. Il a peur de se heurter contre les panneaux de signalisation parce que ça fait mal,mais il voudrait faire plaisir à son ami. Il a peur de trébucher et de tomber dans la rue. Il ne veut pourtant pas refuser d'y aller parce qu'il veut faire plai-sir à son ami et à son retour, il veut impressionner les filles de la campagne avec des nouvelles de la ville. Le pauvre Marc est désespéré ! Cependant, il accepte d'accompagner son meilleur ami.

Quand il arrive à Paris, il n'arrive pas à respirer. Jour après jour, il se promène dans les rues, trébuchant et tombant, se heurtant contre les panneaux de signalisation. Aïe, que ça fait mal ! Finalement, il entre dans une station de métro par hasard. Il trébuche et il tombe dans le métro ! Il sort du métro à la station près du Jardin des Tuileries, et quelle chance ! Il y a de l'herbe, des fontaines, et des animaux. Il est si heureux qu'il se heurte contre la fontaine. Il se casse le bras, mais ça ne fait rien. Il n'est plus désespéré. Il se promène dans les rues et il se promène dans les jardins. Il arrive à bien respirer. Il ne se heurte pas contre les panneaux de signalisation. Maintenant il ne refuse plus de visiter les grandes villes.

Lecture Culturelle : Le Louvre et le Jardin des Tuileries

Quand le soleil brille et qu'il fait beau à Paris, les Parisiens ainsi que les touristes aiment se promener au Jardin des Tuileries. Il est en face du Louvre, et en se promenant, on peut admirer ce magnifique château, l'ancien palais des rois de France. On peut tout de suite apercevoir la pyramide du Louvre, la nouvelle entrée de verre qui est la création de I.M. Pei, un célèbre architecte américain. Il a choisi une pyramide parce que c'est un symbole universel, et le verre parce qu'ainsi la façade du palais n'est pas masquée. Avant la construction de la pyramide, on entrait dans ce musée extraordinaire, rempli de trésors d'art et de sculptures, par une simple porte. Tout le monde se heurtait contre la porte pour y entrer. On n'arrivait pas à respirer à travers la grande foule qui voulait entrer afin admirer tous les chefs-d'œuvre. Les plus célèbres sont La Joconde (Mona Lisa), la Vénus de Milo et la Victoire de Samothrace. On dit qu'on peut passer une année entière à visiter le Louvre tous les jours sans y voir tous les joyaux qui y résident.

√ **Answer the following questions.**

1. Y a-t-il un musée célèbre près de chez toi ? Qu'est-ce qu'il contient ?

2. Est-ce que tu aimes passer ton temps libre dans les musées ? Pourquoi ou pourquoi pas ?

3. L'art c'est très personnel. Quel style préfères-tu et pourquoi ?

4. Penses-tu que tout le monde est un peu artiste ? Comment le sait-on ?

5. Dans quel genre de musée préférerais-tu aller si tu avais le choix ? Pour quelle raison ?

<u>Mini-conte C : Révision</u>

√ Rewrite Mini-conte C as if you were the desperate boy. You may wish to use the list of vocabulary phrases to help you write from the first person perspective. Be sure to answer the following questions in your story:

1. Comment t'appelles-tu ?
2. Quel âge as-tu ?
3. Pourquoi as-tu peur des grandes villes ? Où vas-tu après ta visite en ville ?

Je me promène	je me heurte	je refuse d'y aller
Je suis désespéré	je me blesse	je tombe

_____

_____

_____

_____

_____

_____

_____

_____

_____

_____

_____

_____

_____

_____

_____

_____

_____

_____

_____

Mini-conte D

maladroit/maladroite	d'ailleurs	la/le/les salue
vraiment ?	se rend compte	Sans blague !

Il y a une fille qui s'appelle Brigitte. Elle a quatorze ans. Elle est très aimable. D'ailleurs, c'est la fille la plus aimable de sa classe. Brigitte a reçu beaucoup de prix. En automne, elle a reçu le prix de la fille la plus aimable. Quand son professeur lui a dit qu'elle avait reçu le prix, elle a été étonnée. Elle a dit : « Vraiment ? Sans blague ! »

Chaque matin, Brigitte salue ses camarades dans le couloir. Ses camarades la saluent aussi. Elle salue son professeur de français. Elle ne le salue pas en anglais, elle le salue en français. Son professeur la salue en français aussi. D'ailleurs, Brigitte salue tout le monde. Brigitte est aussi très intelligente. D'ailleurs, c'est la fille la plus intelligente de sa classe. Au mois de janvier, Brigitte a remporté le prix de l'élève la plus intelligente de la classe. Quand son professeur lui a dit qu'elle avait remporté le prix, Brigitte a été étonnée. Elle a dit : « Vraiment ? Sans blague ! » Les notes de Brigitte sont toujours bonnes. D'ailleurs, elle a les meilleures notes de sa classe. Au mois de février, Brigitte a reçu le prix de la personne avec les meilleures notes. Quand le directeur lui a donné le prix, Brigitte a été tellement étonnée qu'elle a dit : « Vraiment ? Sans blague ! »

Mais il y a un petit problème. Malheureusement, Brigitte est extrêmement maladroite. D'ailleurs, elle trébuche souvent. Elle se heurte souvent contre les tables et les chaises. Elle se blesse et crie : « Aïe ! Ça fait mal. » Elle se plaint parce qu'elle est la fille la plus maladroite de sa classe. Elle a même remporté le prix de la fille la plus maladroite. Quand son professeur lui a décerné le prix, Brigitte s'est rendu compte qu'elle était vraiment maladroite, mais elle a dit : « Vraiment ? Sans blague ! »

Brigitte a toujours rêvé de courir dans un marathon. Elle se rend compte que ce sera difficile parce qu'elle est si maladroite. Donc, pour améliorer sa vitesse, elle s'entraîne à courir tous les jours après l'école. Brigitte a un cheval. Le cheval est un cheval spécial. Le cheval sait parler. Il s'appelle Monsieur Ed. Le cheval court très vite. Le cheval accompagne Brigitte partout. Il est très grand et très fort. Il n'est pas du tout maladroit. Il essaie toujours d'impressionner Brigitte. Il court très vite. D'ailleurs, il court beaucoup plus vite qu'elle. Il ne trébuche jamais. Il ne tombe jamais. Il n'est pas du tout maladroit. Brigitte le supplie : « Laisse-moi te dépasser, s'il te plaît, attends-moi. », Mais le cheval court encore plus vite. Quand le cheval la dépasse, il lui dit : « Laisse-moi gagner ! »

Brigitte s'entraîne comme d'habitude la veille du (le jour avant le) marathon. Son cheval s'entraîne avec elle comme d'habitude . Comme d'habitude son cheval court plus vite qu'elle. Brigitte se rend compte que son cheval la dépasse. D'ailleurs, il la salue et Brigitte a honte. Son cheval lui dit : « Ne t'inquiète pas, Brigitte. Tu vas gagner. Tu auras un autre prix. » Brigitte répond : « Vraiment ? Sans blague ! » Brigitte essaie de courir plus vite, mais elle trébuche. Elle tombe par terre. Elle est blessée. Elle crie : « Aïe ! Ça fait mal ! » Brigitte s'inquiète parce qu'elle se rend compte que le marathon est le lendemain.

Le lendemain, Brigitte se lève. Son cheval se lève aussi. Brigitte lui dit : « Le marathon est aujourd'hui. Allons-y ! » Son cheval répond : « Vraiment ? Sans blague ! » Ils vont au marathon ensemble. Les juges saluent Brigitte et son cheval. Brigitte salue les juges. Son cheval salue les juges. Il leur dit : « Bonjour, Messieurs. » Les juges sont surpris parce que le cheval parle. Brigitte leur dit : « Mon cheval sait parler. » Les juges disent : « Vraiment ? Sans blague ! » Le marathon commence. Brigitte court vite. Son cheval court vite aussi. D'ailleurs, Brigitte court tellement vite qu'elle réussit à dépasser son cheval. Elle est folle de joie. Elle va gagner ! Malheureusement, comme elle est très maladroite, Brigitte trébuche et tombe. Elle est blessée. Sa jambe est cassée. Elle crie : « Aïe ! Ça fait mal !» Brigitte est par terre. Elle est très triste parce qu'elle se rend compte qu'elle ne va pas gagner. Mais son cheval lui dit : « Ne t'inquiète pas ! Monte sur mon dos ! » Brigitte monte sur le dos de son cheval. Le cheval court tellement vite qu'il arrive le premier. Brigitte est folle de joie. Elle a gagné le marathon. Mais les juges donnent le prix à son cheval. D'abord le cheval ne se rend pas compte qu'il a gagné. Mais quand il s'en rend compte, il crie : « Vraiment ? Sans blague ! » Brigitte a vraiment honte.

√ Write 4 questions about Mini-Conte D using the following question words:

1. Qui... _____

2. Pourquoi... _____

3. Quand... _____

4. Combien... _____

Mini-conte D : Révision

Je suis un garçon maladroit. Je suis très maladroit. D'ailleurs, je me rends compte que je suis le garçon le plus maladroit de ma classe. J'ai honte parce que je trébuche souvent. Je me heurte contre les chaises et contre les tables. Je me blesse et je tombe. Hier, j'ai trébuché et je me suis cassé le bras. D'ailleurs, mes parents ne me laissent pas conduire leur voiture. Je dois toujours sortir en taxi.

C'est mon rêve de faire du ski. L'année dernière, je suis allé dans les Alpes avec ma famille pendant les vacances d'hiver. J'ai supplié mes parents de me laisser faire du ski. Je les ai suppliés de m'offrir des cours de ski. Mes parents étaient inquiets, mais ils ont fini par dire oui. Le moniteur de ski était très gentil. Quand je lui ai appris que j'étais très maladroit, il m'a dit : « Ne t'inquiète pas ! Je vais t'apprendre à skier. » Mais la première fois que j'ai descendu la montagne en skiant, je me suis heurté contre un arbre. J'ai trébuché et je suis tombé. J'ai cassé mes skis. Je me suis cassé le nez. Le moniteur s'est rendu compte que j'étais vraiment très, très maladroit.

Le moniteur a téléphoné à mes parents. Il leur a dit : « Votre fils est tombé. Il s'est cassé le nez ! » Mes parents ont répondu : « Vraiment ? Sans blague ! » Mais parents étaient surpris et contents que je ne me sois pas cassé la jambe.

√ Answer the following questions about Mini-conte D Révision.

1. Pourquoi est-ce que le garçon a honte ?

2. Où est-ce que le garçon est allé pour faire du ski ?

3. Est-ce que le garçon a réussi à faire du ski ?

4. Pourquoi est-ce que ses parents étaient surpris ?

5. Pourquoi est-ce que le garçon doit toujours sortir en taxi ?

Lecture Culturelle : Marie Curie et le Prix Nobel

Marie Curie est la première femme à avoir obtenu le Prix Nobel. D'ailleurs, c'est la première physicienne à avoir obtenu deux prix Nobel ! De plus, c'est la première femme à être devenue professeur de physique à la Sorbonne ! Et c'est la première femme à être enterrée au Panthéon, où sont enterrés aussi Victor Hugo et Émile Zola. Sa fille, Irène, a également obtenu le Prix Nobel ! Le premier Prix Nobel de Marie Curie était en physique et le deuxième en chimie. Marie Curie est la première personne à avoir utilisé le terme « radioactif. »

Marie Curie est née en Pologne. Ses parents étaient professeurs. Quand elle avait vingt-quatre ans, elle a quitté la Pologne et elle est venue en France pour étudier à la Sorbonne. A l'université, elle a rencontré Pierre Curie. Il est devenu son mari un an plus tard. Ils ont travaillé ensemble pendant neuf ans. Pierre Curie est mort dans un accident en 1904. Il a trébuché et il est tombé dans la rue. Un cheval l'a écrasé.

En 1898, Pierre et Marie Curie ont annoncé la découverte de deux nouveaux éléments : le polonium et le radium. Marie Curie a choisi le nom « polonium » en hommage à son pays d'origine, la Pologne.

Marie Curie est morte en 1934, à la suite d'expositions répétées aux rayons du radium lors de ses recherches. Marie Curie n'avait peur de rien. Elle a dit : « Dans la vie, rien n'est à craindre, tout est à comprendre. » Nous nous rendons compte que cette femme était vraiment un génie !

√ Answer the following questions about the Lecture Culturelle.

1. Marie Curie était la première femme qui a .....

      a.

      b.

      c.

      d.

2. Comment Pierre Curie est-il mort ?

3. Pourquoi est-ce que Marie Curie a choisi le nom "polonium" ?

Pierre est Pressé

Pierre est Pressé

Finalement, Pierre sort de sa chambre. Il monte dans l'autobus et il va à l'école. Mais il est toujours triste et il s'inquiète. D'ailleurs, il ne prête pas attention en classe. Il atten avec impatience son permis de conduire lui manque. Il ne reste plus qu'une semaine et Pierre attend avec beaucoup d'impatience. La semaine est très longue pour Pierre. Finalement le jour du rendez-vous arrive et Pierre se dépêche d'aller chez le docteur. Le docteur entre dans la pièce. Il salue Pierre et il sort une radiographie lentement. Il dit à Pierre : « Pierre, j'ai une bonne nouvelle. Maintenant, nous pouvons te retirer le plâtre, mais tu as besoin de deux semaines de rééducation physique avant de pouvoir marcher et de pouvoir conduire. »

Pierre est tellement triste qu'il n'arrive pas à respirer. Il le supplie : « Vraiment ? Sans blague ? » Il est tellement désespéré qu'il refuse d'aller à l'école. D'ailleurs, il ne veut aller qu'en rééducation physique. La rééducation est difficile mais Pierre veut désespérément conduire, donc il travaille très dur pour réussir. Ses parents le supplient d'aller à l'école et il finit par y aller. Les deux semaines sont très longues. Finalement sa rééducation se termine.

Maintenant, il peut conduire. Alors, il supplie sa maman : « S'il te plaît, laisse-moi conduire. » Mais sa maman ne le laisse pas et elle lui dit : « Pierre, nous ne voulons pas te laisser conduire. Nous ne pouvons pas te le permettre car tes notes sont horribles. » Pierre est encore une fois plus déprimé que jamais. Il se rend compte qu'il doit beaucoup étudier. Il étudie beaucoup pendant une semaine et il parvient à améliorer ses notes. Alors, Pierre supplie sa maman : « Maman, je t'en supplie, laisse-moi conduire ! » Sa maman lui dit : « D'accord, Pierre. Demain, je t'accompagnerai pendant que tu conduiras. »

Le jour suivant, Pierre sort de l'école en courant. Il arrive chez lui. Il salue sa maman et il lui dit : « Maman, on peut y aller maintenant ? Je suis pressé ! » Sa maman lui répond : « Oui, mon fils. Monte dans la voiture. Allons-y ! »

Pierre et sa maman montent dans la voiture et ils mettent leur ceinture de sécurité. Pierre met le contact et la voiture démarre. Pierre est nerveux et sa maman est contente parce qu'il conduit prudemment. Il conduit prudemment jusqu'àu moment ou malheureusement, il voit une très belle fille qui traverse la rue.

Pierre devient fou. Il essaie d'impressionner la fille. Il est maladroit et il conduit comme un fou. Il ne fait pas attention et il se heurte contre le panneau de signalisation au coin de la rue. Il heurte le panneau si fort que le moteur de la voiture tombe. La voiture est en panne ! Quelle honte ! Quelle horreur ! Pierre commence à pleurer et sa maman aussi. Évidemment, la voiture ne démarre plus puisque le moteur est tombé. La maman de Pierre est fâchée et Pierre est désespéré. A ce moment là, Pierre se rend compte qu'il va attendre son permis de conduire encore longtemps !

Chapitre deux : Pierre est pressé

√ Answer the following questions as if you were Pierre.

1. Pourquoi ne peux-tu pas te concentrer sur tes études, ni prêter attention en classe ?

2. Comment te sens-tu avant ton rendez-vous chez le docteur ? Et après ?

3. Quelles sont les bonnes et les mauvaises nouvelles que le docteur te donne ?

4. Pourquoi travailles-tu si dur à ta rééducation physique ?

5. Peux-tu conduire immédiatement après avoir terminé ta rééducation physique ?

6. Quelles sont les paroles magiques que ta maman te dit ?

7. Qu'est-ce que tu fais en premier après être monté dans la voiture ?

8. Que se passe-t-il quand la jolie fille traverse la rue ?

9. Qu'en penses-tu ?... Quel âge as-tu quand tu passes ton permis ?

10. Qu'en penses-tu ?... Qui va raconter cette histoire à ton papa ? Que vas-tu dire ? Que va-t-il dire ?

√ Indicate whether or not the following statements are Vrai or Faux.

____ 1. Pierre a seize ans.

____ 2. Pierre a la jambe dans le plâtre.

____ 3. La maman de Pierre est magique.

____ 4. Pierre met la clef dans son nez.

____ 5. La maman l'accompagne parce que le papa a une jambe cassée

____ 6. Pierre se heurte à une jolie fille.

____ 7. Pierre étudie toujours beaucoup.

____ 8. Pierre ne fait pas sa rééducation.

____ 9. La maman de Pierre devient folle.

____ 10. Le moteur de la voiture tombe.

____ 11. Pierre pleure car il ne peut pas se promener avec la jolie fille.

____ 12. La maman pleure car Pierre ne passe pas son permis.

√ Create a sequel to *Pierre est Pressé*. Illustrate and write the story as if you were Pierre and describe what happens after the accident.

Lecture Culturelle
La Toussaint

La fête de la Toussaint qui a lieu le premier novembre a une origine très ancienne puisqu'en fait elle nous vient directement des Celtes. En effet, ceux-ci divisaient l'année en deux saisons : l'hiver et l'été. Le premier novembre était une date importante puisqu'elle marquait le début de l'année. C'était aussi la fête des morts, ou plus exactement la fête de la communication entre les vivants et les morts. C'était la nuit où les mondes invisibles et visibles communiquaient. Les esprits des morts pouvaient faire irruption à la surface de la terre et les vivants pouvaient pénétrer dans le monde des esprits.

A Verviers, à la fin du 19ème siècle, le jour de la Toussaint et aussi le jour des Morts, les enfants se promenaient avec des betteraves sculptées ou des pots de fleurs remplis de braises allumées sur lesquelles ils faisaient brûler de l'encens. Les enfants demandaient alors aux passants : « Deux centimes pour les pauvres âmes. » De nos jours, dans de nombreux villages wallons (en Belgique), le soir de la Toussaint, les enfants creusent et sculptent des betteraves ou des citrouilles comme à Halloween aux USA. Ils mettent une chandelle dans cette tête de mort, et les enfants les placent sur le bord des chemins en sollicitant les passants.

On dit aussi qu'il ne faut pas balayer ni laver les chambres et la cuisine parce que les âmes des morts reviennent sur terre dans les lieux dans lesquels elles ont habités. Balayer ou laver risque de les balayer dehors ! Aussi, il est dit qu'il ne faut pas frapper avec des bâtons sur les haies et les buissons parce que les âmes y sont.

La fête de la Toussaint a été instituée en France et en Allemagne sur l'ordre de l'empereur Louis le Pieux en 835. L'innovation s'est faite sur le conseil du pape Grégoire IV qui voulait supprimer un ancien usage encore pratiqué à cette époque. La célébration, le premier novembre, de la fête de la Toussaint est donc une tentative par l'église de donner une couleur de christianisme à l'ancien rite celtique, en substituant aux âmes des morts, les saints. La fête de la Toussaint est donc la fête de Tous les Saints, de la communauté des vivants et des morts.

√ You may want to take a few notes to prepare for the Activity on page 44.

Lecture Culturelle
Les fantômes de l'abbaye de Mortemer

L'abbaye de Mortemer, très près de Lyons-la-Forêt, a été habitée par des moines méditatifs depuis le 12ème siècle jusqu'à la Révolution (en 1789). En 1792 les moines ont été assassinés par les révolutionnaires, et l'abbaye a été détruite. Il n'en est resté que le pigeonnier, des arches romanes, la maison du père abbé et une ferme. Un jeune moine de 15 ans avait échappé au massacre. De nombreuses années plus tard, après la mort du jeune moine, les apparitions ont commencé.

Entre minuit et deux heures du matin personne n'ose s'aventurer près de l'abbaye, surtout les jours de pleine lune ! La grande majorité des témoins raconte la même histoire. Voici ce qu'un témoin, monsieur Roland Villerye de Bouiller, raconte : « Vers deux heures du matin, j'ai vu une procession de moines longeant les ruines du cloître en direction des ruines de l'église (...) les chiens qui m'accompagnaient aboyaient de peur face à ces moines...»

Dans cette même abbaye, on dit voir une ombre féline et entendre un chat qui miaule comme s'il se faisait torturer. En 1988, ouvrant une brèche dans un mur pour agrandir une pièce, des maçons ont découvert le squelette d'un chat. Avait-il été emmuré vivant, sacrifié pendant une messe noire ? Personne ne le sait, mais le chat ne jette plus son ombre, ni ses cris désespérés entre les ruines de l'abbaye.

√ **Write a scenario about a (an) (un)wanted encounter with a ghost.**

_____

_____

_____

_____

_____

_____

_____

_____

_____

_____

_____

Comprends-tu ?

√ Answer the following questions about *La Toussaint* and about *l'abbaye de Mortemer.*

1. Qui communique avec les vivants le jour de la Toussaint ?

2. Compare le jour de la Toussaint et Halloween.

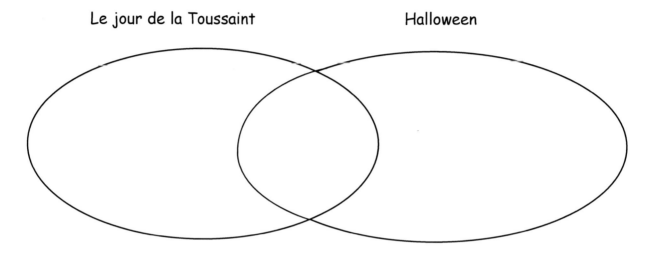

Le jour de la Toussaint   Halloween

3. Quels symboles représentent le jour de la Toussaint ?

4. Qu'est-ce qu'un défunt ?

5. Qu'est-ce qui est arrivé dans l'abbaye ?

6. Qui a survécu au massacre ?

7. Pourquoi ne faut-il pas balayer les maisons le jour de la Toussaint ?

8. Pourquoi ne faut-il pas battre les buissons le jour de la Toussaint ?

9. Qu'est-ce que des maçons ont découvert dans les murs de l'abbaye ?

10. Aujourd'hui c'est la Toussaint. Qui vas-tu honorer ? De qui vas-tu te souvenir ? Pourquoi ?

Chapitre trois :
Monsieur Grincheux

Mini-conte A

au fond du

est de mauvaise humeur

il ne lui obéit pas

il ne l'entend pas

l'attrape

elle lui interdit

Mini-conte B

grossit

au lieu de

à la mode

au sommet

maigrit

se fâche

Mini-conte C

elle se dépêche

prêt, prête

il monte/descend l'escalier

en train de

il a envie d'aller

enrhumé/enrhumée

Mini-conte D

a mauvaise haleine

se remplissent de larmes

s'évanouit

se brosse les dents

il fait une randonnée

il aboie

Mini-conte A

| est de mauvaise humeur | au fond du | il ne lui obéit pas |
| il ne l'entend pas | l'attrape | elle lui interdit |

Il y a un petit poisson qui vit au fond du Lac Léman en Suisse. Le petit poisson est toujours de mauvaise humeur. Jour après jour le petit poisson se plaint parce que sa mère lui interdit de monter à la surface du lac. La mère a peur qu'un pêcheur attrape son fils. Le petit poisson obéit toujours à sa mère. Elle lui interdit de quitter la maison sans elle. Il est de mauvaise humeur, mais il lui obéit. Elle a peur qu'un pêcheur l'attrape, alors elle lui interdit de nager avec les autres poissons. Comme d'habitude, le petit poisson obéit à sa mère. Chaque fois qu'il nage loin de sa mère, elle lui interdit de nager loin. « Je ne veux pas qu'un pêcheur t'attrape ! Est-ce que tu m'entends ? » Le petit poisson répond toujours : « Oui, Maman, je t'entends ! » Le petit poisson obéit à sa mère.

La mère du petit poisson est toujours inquiète. Elle s'inquiète parce qu'elle a peur qu'un pêcheur attrape son fils. Le petit poisson avait une soeur, mais malheureusement elle n'est pas restée au fond du lac. Elle n'a pas obéi à sa mère. Un pêcheur l'a attrapée il y a deux ans et on ne l'a jamais revue. Depuis ce jour-là, la mère ne laisse plus son fils quitter le fond du lac. Le petit poisson est de mauvaise humeur. Il est déprimé. Il n'aime pas rester au fond du lac. Le petit poisson supplie sa mère de le laisser jouer avec les autres poissons, mais sa mère lui interdit toujours de nager loin . « Un pêcheur peut t'attraper. Est-ce que tu m'entends ? » Et le petit poisson répond toujours poliment : « Oui, Maman, je t'entends ! »

Un jour, le petit poisson réussit à échapper à sa mère. Il ne reste pas au fond du lac. Il n'obéit pas à sa mère. Il est tellement content qu'il nage très loin. Sa mère crie pour lui interdire de nager loin. « Je ne veux pas qu'un pêcheur t'attrape. Reste au fond du lac ! » Mais le petit poisson ne l'entend pas. Il nage très loin, puis il se rend compte qu'il est perdu. Il s'inquiète. Il a peur qu'un pêcheur l'attrape. Il crie : « Maman ! Je suis perdu ! » Sa mère ne l'entend pas parce qu'il est trop loin. Mais un autre poisson l'entend. C'est un gros requin (shark). Le gros requin s'approche du petit poisson. Le gros requin a de grosses dents. Le petit poisson a peur. Mais le gros requin n'est pas du tout méchant. Il salue le petit poisson. Il lui dit : « Ne t'inquiète pas. Laisse-moi t'accompagner à la maison. Allons-y ! »

La maison est très loin. Le requin et le petit poisson montent à la surface du lac, puis le requin et le petit poisson redescendent vite au fond du lac. Le petit poisson entend sa mère crier qu'elle lui interdit de nager loin. « Est-ce que tu m'entends ? » dit-elle. Le petit poisson est pressé. Il veut arriver chez lui aussi vite que possible. Le requin et le petit poisson arrivent enfin à la maison. La mère est tellement heureuse de voir son fils qu'elle l'embrasse pendant cinq heures.

Le requin dit à la mère : « Je suis le nouveau garde du corps (body-guard) de votre fils. Ne vous inquiétez pas, vous m'entendez ? » La mère est très étonnée. Elle lui dit : « Sans blague ? » Maintenant le petit poisson et le requin peuvent nager très loin. Ils ne restent plus au fond du lac.

Mini-conte A : Révision 1

√ Read Mini-conte A in the past tense.

Il était une fois un petit poisson qui vivait au fond du Lac Léman, en Suisse. Il était toujours de mauvaise humeur parce que sa mère lui interdisait de monter à la surface du lac. Sa mère s'inquiétait. Elle ne voulait pas qu'un pêcheur attrape son fils. D'habitude le petit poisson obéissait à sa mère. D'habitude le petit poisson restait au fond du lac.

Mais un jour, le petit poisson n'a pas obéi à sa mère. Il est parti. Il a nagé loin. Il s'est perdu. Il avait peur. Il a crié : « Au secours ! Je suis perdu ! » Mais sa mère ne l'a pas entendu parce qu'il était trop loin. Heureusement un gentil requin énorme a entendu le petit poisson. Le requin a raccompagné le petit poisson chez lui.

√ Answer the following questions about Mini-conte A Révision.

1. Où vivait le petit poisson ?

2. Pourquoi était-il de mauvaise humeur ?

3. Qui s'inquiétait ?

4. Pourquoi est-ce que sa mère n'a pas entendu le petit poisson crier au secours ?

5. Qui a entendu le petit poisson ?

Lecture Culturelle : La lac Léman

Le lac Léman est le plus grand lac d'Europe centrale. D'ailleurs c'est aussi le plus bleu de tous les lacs suisses. Il est très profond. Le lac Léman se trouve entre la Suisse et la France, une région célèbre pour sa beauté. En anglais, on appelle le lac « Lake Geneva » et en français on l'appelle « lac de Genève » Ce sont les Suisses qui l'appellent le lac Léman. Le lac Léman a la forme d'un croissant ou d'une virgule. Le rivage nord du lac est suisse et le rivage sud est français. Autour du lac, il y a beaucoup de petits villages pittoresques. Au fond du lac, il y a beaucoup de poissons et les pêcheurs français ainsi que les pêcheurs suisses vont souvent à la pêche et les attrapent. Le lac est entouré par les Alpes et le Jura.

Mini-conte A : Révision 2

√ Write an ending for this story : (100 words)

Il y avait un garçon qui entendait très mal. Il était toujours de mauvaise humeur parce qu'il n'entendait pas ce qu'on lui disait. Quand sa mère lui parlait, il ne l'entendait pas. Il lui disait toujours : « Pardon ? Qu'est-ce que tu as dit ? Je ne t'ai pas entendue. » Quand ses amis lui parlaient, il ne les entendait pas. Il leur disait toujours : « Comment ? Qu'est-ce que vous avez dit ? Je ne vous ai pas entendus ! »

Pourquoi est-ce que le garçon entendait mal ? Parce que, quand il était plus jeune, il avait mis des haricots au fond de ses oreilles. Maintenant les haricots étaient toujours au fond de ses oreilles et il ne pouvait rien entendre. Il avait complètement oublié les haricots, si bien qu'il croyait qu'il était devenu sourd*.   *deaf

Sa mère était toujours de très mauvaise humeur parce que son fils ne lui obéissait pas. Elle lui interdisait de sortir dans sa voiture, mais comme il ne l'entendait pas, il sortait dans sa voiture. Quand il conduisait, il n'entendait pas les autres voitures qui klaxonnaient. Il avait beaucoup d'accidents et il était souvent blessé. Il avait souvent des plâtres aux jambes et aux bras. Désespérés, ses parents ont vendu la voiture.

Le garçon était amoureux d'une fille qui habitait à côté de chez lui. Il voulait l'inviter à aller au cinéma avec lui, mais il avait peur de le lui demander. Il lui a écrit une petite lettre. Il lui a écrit : « Je t'aime. Tu es très belle ! » Quand la fille a reçu la lettre, elle était tellement heureuse qu'elle a crié : « Vraiment ? Sans blague ! » car depuis longtemps la fille était amoureuse du garçon. Elle a ouvert la fenêtre et elle a crié : « Je t'aime aussi ! » Mais le garçon n'a pas entendu parce qu'il avait des haricots au fond des oreilles. Jour après jour, la fille s'approchait de la fenêtre. Elle ouvrait la fenêtre et elle criait : « Je t'aime ! » Mais jour après jour, le garçon n'entendait pas parce qu'il avait des haricots au fond des oreilles.

Cela a duré longtemps, et enfin les parents ont amené leur fils chez un médecin célèbre. Ils lui ont dit : « Notre fils ne peut rien entendre. Nous croyons qu'il est sourd. » Le médecin était étonné. Il a répondu : « Sans blague ! » Le médecin a regardé dans les oreilles du garçon. D'abord il a ri, puis il leur a dit : « Ne vous inquiétez pas ! Votre fils n'est pas sourd. Il ne peut pas entendre parce qu'il a des haricots au fond des oreilles ! » Les pa- rents étaient tellement surpris qu'ils ont crié ensemble : « Vraiment ? Sans blague ! » Le médecin a enlevé les haricots et le garçon pouvait entendre ! Il n'était plus de mauvaise humeur.

_____

_____

_____

_____

_____

_____

_____

_____

_____

_____

_____

_____

Mini-conte B

grossit	maigrit	au sommet
à la mode	au lieu de	se fâche

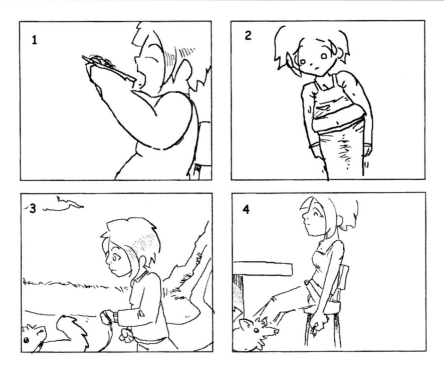

Il y a une souris qui s'appelle Camembert. Camembert n'est pas une souris normale. Au lieu de manger du fromage comme les souris normales, il mange beaucoup de beignets poudrés de sucre, donc il grossit beaucoup. Sa maman se fâche parce que Camembert grossit beaucoup et ne maigrit pas, et au lieu de lui donner des beignets, elle essaie de lui donner du fromage. Mais Camembert réussit à manger beaucoup de beignets poudrés quand même. Il est si gros qu'il trébuche. Il tombe souvent. Il essaie de monter en haut de l'escalier de sa maison, mais il est trop gros, et il n'y parvient pas. Il ne maigrit pas. Il travaille dans un cirque, et il doit monter en haut de la tête d'un éléphant, mais après de durs efforts pour monter, il n'y parvient pas. Il finit par se heurter à la jambe de l'éléphant. Aïe, que ça fait mal ! Il se plaint toujours et sa mère se fâche.

Il voudrait avoir de jolies petites vestes à la mode pour le cirque, mais elles sont toutes trop petites et il ne parvient jamais à les mettre. Il doit donc porter des vestes très moches, pas des vestes à la mode comme les autres souris. Il se plaint toujours quand sa mère se fâche et lui dit de maigrir. Il se plaint toujours quand l'éléphant se fâche parce qu'il ne peut pas monter facilement tout en haut de sa tête. L'éléphant doit le prendre et le placer sur sa tête avec sa trompe. Sa maman se fâche parce qu'au lieu de vivre dans leur petit trou dans le mur, il doit dormir par terre. Chaque fois qu'il essaie d'entrer, après de durs efforts, il finit par se heurter contre le mur. Aïe, que ça fait mal ! Il doit dormir par terre en bas de l'escalier, pas en haut. Il est de si mauvaise humeur qu'il se fâche et finit par manger jusqu'au fond d'une énorme boîte de beignets poudrés de sucre.

Un jour, en haut de l'escalier, il voit une jolie souris avec une veste à la mode. Il essaie de l'impressionner en montant jusqu'en haut de l'escalier pour lui parler, mais il a tellement grossi qu'il trébuche. Il tombe et il se heurte au mur. L'éléphant entend le bruit, mais il refuse de l'aider. Il dit à Camembert : « Tu ne maigris pas, tu continues à grossir. Au lieu de manger du fromage comme les souris normales, tu grossis en mangeant des beignets poudrés de sucre. Tu n'as pas de vestes à la mode et tu ne peux pas monter tout en haut de ma tête.» L'éléphant se plaint de Camembert pendant une heure et demie. L'énorme pauvre souris ne se fâche pas mais finit par pleurer. Le pauvre Camembert est vraiment désespéré. La petite souris qui est toujours en haut de l'escalier lui dit : « Ne pleure pas. Ne monte pas en haut de l'escalier, moi, je vais descendre. J'ai beaucoup de fromage spécial pour le régime chez moi et tu vas maigrir vite. En plus, j'aime bien ta petite veste. Elle n'est pas du tout moche, elle est à la mode. Allons-y ! » Camembert devient fou de joie et il finit par sortir avec la jolie petite souris.

Et l'éléphant ? Au lieu d'avoir une souris avec une veste à la mode qui maigrit et qui monte tout en haut de sa tête, il a seulement une boîte de beignets poudrés, complètement vide !

Mini-conte B : Révision 1

Je m'appelle Barbie, et je suis une fille très coquine. De plus, depuis que mon petit ami Ken est parti, j'ai beaucoup grossi parce qu'au lieu de sortir avec Ken, je suis déprimée, je m'ennuie et je mange. Au lieu de grimper jusqu'au sommet des montagnes, je joue à des jeux vidéo. Au lieu de porter des vêtements à la mode, je mets des joggings énormes. J'aime les petites mini-jupes qui sont à la mode, mais je grossis trop. J'aime les petits t-shirts à la mode aussi, surtout ceux qui ont des petits cœurs roses. Mais je ne maigris pas, au contraire, je grossis. Le problème c'est tout simplement que j'adore manger. J'adore les biscuits, la glace, les tartes et le pain. Au lieu de manger une salade, je mange des frites, et alors je grossis, je ne maigris pas. Je mets beaucoup de sauce au chocolat sur la glace dans un grand bol et alors je grossis, je ne maigris pas.

Je me fâche parce qu'au lieu d'acheter les vêtements à la mode, je porte toujours des grands t-shirts moches et des grands pantalons moches. Je suis fâchée avec ma mère parce qu'elle me dit toujours : « Barbie, si tu veux acheter des vêtements à la mode, il faut maigrir, pas grossir. Choisis une salade au lieu des frites ! »

Chapitre trois : Monsieur Grincheux

Un jour, ma mère n'était pas fâchée. Au contraire, elle m'a dit : « Écoute, ma petite Barbie. Je t'adore exactement comme tu es. Si tu veux maigrir ou si tu veux grossir, c'est à toi de décider. Au lieu de me fâcher, je ne vais plus rien dire. » Et elle m'a embrassée !

Tout à coup, j'ai décidé d'essayer de maigrir. Je ne suis plus allée au fastfood. Au café, au lieu de manger des frites, j'ai mangé un tas de salades. Au lieu de manger des crêpes, j'ai mangé des fruits. Au lieu de jouer à des jeux vidéo, j'ai monté les escaliers et j'ai grimpé au sommet des montagnes avec mon petit chien. Et quelle surprise ! J'ai fini par maigrir, et au lieu d'acheter des joggings, j'ai fini par acheter de jolis vêtements à la mode !

Au printemps, je voulais aller à une boum chez mon amie Nicole. Au lieu d'acheter des vêtements moches, j'ai acheté des vêtements à la mode—une toute petite mini-jupe noire et un petit t-shirt blanc avec de jolis cœurs roses. Mais quand je suis arrivée à la boum, toutes les filles portaient des joggings ! Tout le monde m'a regardée. Au lieu de porter des vêtements à la mode, toutes les filles étaient tout à fait à l'aise. En plus, est-ce que tu peux **deviner**[1] qui s'est approché de moi ? C'était ? À continuer !

[1] guess

√ **Qui s'est approché de Barbie, qu'est-ce qu'il/elle lui a dit, et qu'est-ce qui s'est passé ?**

_____

_____

_____

_____

_____

_____

_____

_____

_____

_____

_____

_____

Lecture Culturelle : Bon appétit !

Quand les Américains visitent la France, ils se rendent compte tout de suite que les Français ont une attitude très différente au sujet de la nourriture et des repas. Ils ne semblent pas avoir un problème de poids. Peut-être que la différence, c'est le régime français. Au lieu de manger un grand repas pour le petit déjeuner, les Français mangent seulement un croissant ou du pain et un café ou un chocolat chaud. Le déjeuner est le repas principal de la journée. Tout le monde fait de gros efforts pour se rendre à la maison à midi. Ils sont à table pendant plus d'une heure, parlant, discutant, et bien sûr, mangeant un bon repas français ! La différence c'est qu'au lieu de prendre des bouchées énormes, ils prennent un peu de tout, le mangent aussi lentement que possible et s'amusent en famille. Ils mangent prudemment, même avec le bon pain français et les sauces délicieuses ! Après les cours, les jeunes prennent un petit casse-croûte, et pour le dîner, un repas léger. En principe, ils ne mangent pas entre les repas. Ils se promènent beaucoup en ville. Donc, la combinaison d'un régime contrôlé et beaucoup d'exercice finit par éviter des problèmes de poids !

√ Write the following story in the past tense, using the words provided.

aimait	a grossi	a enfilé	a acheté	pensait
disait	est allé(e)	a eu	a maigri	donnait

La maman de Juliette, une fille très jolie, aimait par dessus tout cuisiner. Sa maman lui

1. _____ chaque jour : « Mange, mange, mange ! » Juliette 2. _____

en mangeant la nourriture de sa maman. Un jour, elle 3. _____ dans un

magasin pour acheter une nouvelle robe qui était très à la mode. Après de durs efforts,

Juliette 4. _____ la robe. « Regarde, je suis trop grosse » a-t-elle dit à sa

mère. « Je veux maigrir. » Au début, sa maman s'est fâchée car elle 5. _____

cuisiner pour Juliette. Alors, elle 6. _____ une idée. Au lieu d'une nouvelle

robe, elle 7. _____ un chien pour Juliette. Très vite, Juliette a maigri. Sa

maman 8. _____ que c'était parce qu'elle allait chaque jour, avec son chien,

au sommet de la montagne. Mais, en réalité, elle 9. _____ parce que,

chaque jour, elle 10. _____ sa nourriture au chien ! Maman, Juliette et le

chien étaient contents.

Mini-conte C

elle se dépêche	il a envie d'aller
en train de	prêt, prête
il monte/descend l'escalier	enrhumé/enrhumée

Il y a un garçon qui s'appelle Xavier. Xavier est très beau, mais il y a un petit problème. Xavier a très mauvaise haleine. Pourquoi ? Parce que Xavier aime beaucoup manger l'ail. Il met de l'ail dans son café au petit déjeuner. Il mange des sandwichs à l'ail au déjeuner. Il mange de l'ail en montant l'escalier. Il mange de l'ail en descendant l'escalier. Sa mère met beaucoup d'ail dans tous les plats. Xavier a envie de manger de l'ail à tous les repas. Évidemment, Xavier s'inquiète parce qu'il n'a pas de petite amie. Il se plaint parce que les filles ne veulent pas sortir avec lui.

Un jour, Xavier est en train de monter l'escalier à l'école, il se dépêche parce qu'il ne veut pas être en retard pour son cours préféré, le français. Il voit une fille qui descend l'escalier. Elle est tellement belle que Xavier trébuche et il tombe devant elle. La fille aide Xavier à se relever et ils vont ensemble à la bibliothèque. Ils y parlent pendant une heure. La fille ne se rend pas compte que Xavier a mauvaise haleine parce qu'elle est enrhumée. Elle ne peut pas respirer à cause de son gros rhume. Xavier a envie de l'inviter à une boum. Il lui demande si elle voudrait y aller et quand elle répond que oui, Xavier devient fou de joie. Comme il a envie de manger de l'ail, il se dépêche de rentrer chez lui et il mange un grand sandwich à l'ail. Il pense à la fille en mangeant et il est fou de joie car elle veut bien sortir avec lui.

Le lendemain, Xavier conduit chez la fille. Il se dépêche parce qu'il veut la revoir aussitôt que possible. Xavier mange un grand sandwich à l'ail en conduisant. La fille entend la voiture dans la rue, mais elle n'est pas prête. Elle est en train de se préparer. Elle se dépêche. Elle se brosse les dents. Maintenant elle est prête. Elle descend l'escalier et elle monte dans la voiture. Elle embrasse Xavier et elle lui dit : « Allons-y ! » Elle ne se rend pas compte qu' il a mauvaise haleine parce qu'elle est enrhumée. Ils vont à la boum et ils s'amusent. Quand ils sont en train de danser, Xavier invite la fille à l'accompagner au cinéma vendredi soir. Elle accepte et Xavier devient fou de joie.

Vendredi soir, Xavier se peigne soigneusement après avoir mangé trois bols de soupe à l'ail. Il met une cravate à la mode. Il est prêt ! Il se dépêche pour conduire chez la fille. Il mange un grand sandwich à l'ail en conduisant chez elle. La fille entend la voiture quand il arrive devant sa maison, mais elle n'est pas prête. Elle se dépêche. Elle met une jupe très à la mode. Maintenant elle est prête ! Elle descend l'escalier et elle monte dans la voiture. Mais il y a un problème. Elle n'est plus enrhumée. Elle peut respirer ! Quand Xavier est en train de conduire, la fille se rend compte que Xavier a mauvaise haleine. L'haleine de Xavier est tellement mauvaise que la fille a envie de sauter de la voiture. Elle dit à Xavier : « Je n'ai pas envie d'aller au cinéma tout de suite. J'ai envie d'aller au magasin. Vite ! Allons-y ! »

Xavier ne comprend pas pourquoi elle a changé d'avis, mais il la conduit au magasin. La fille achète un sachet de bonbons à la menthe. Elle donne un bonbon à Xavier. Elle lui dit : « Tu as mauvaise haleine, mange ce bonbon ! » Xavier a honte et il se dépêche de manger le bonbon. Maintenant que son haleine est très fraîche, la fille lui dit : « J'ai envie d'aller au cinéma avec toi maintenant. Allons-y vite ! »

Ils se dépêchent. Ils sont en retard pour le film. Quand ils arrivent au cinéma, ils se dépêchent de monter l'escalier, mais en montant l'escalier, ils trébuchent et ils tombent. Ils crient : « Aïe ! Ça fait mal ! » Ils sont en retard. Le film a déjà commencé. La fille est fâchée. Elle n'a plus envie de sortir avec Xavier. Elle téléphone à un taxi et elle rentre chez elle. Xavier est tellement triste qu'il rentre chez lui et mange deux gros sandwichs à l'ail.

Chapitre trois : Monsieur Grincheux

√ Answer the following questions about Mini-conte C.

1. Pourquoi est-ce que Xavier a mauvaise haleine ?

2. Où est-ce que Xavier rencontre la fille ?

3. Pourquoi est-ce que la fille ne se rend pas compte que Xavier a mauvaise haleine ?

4. Qu'est-ce que la fille donne à Xavier ?

5. Quand tu as mauvaise haleine, veux-tu que quelqu'un te le dise ?

6. Quand ton (ta) petit(e) ami(e) a mauvaise haleine, est-ce que tu lui dis ?

√ Révision 1 : Read mini-conte C in the past tense. Notice the verb changes.

a - avait	rencontre - a rencontré	continue - continuait
est - était	se rend compte - s'est	vont - sont allés
aime - aimait	rendu compte	ils sont - ils étaient
donne - a donné	sortent - sont sortis	a envie - avait envie
s'amusent - se sont amusés		

Il y avait un jeune homme qui était très beau. Il n'était pas maladroit. Malheureusement, il n'avait pas de petite amie parce que son haleine était tellement mauvaise. Xavier avait mauvaise haleine parce qu'il aimait manger de l'ail.

Un jour quand Xavier était en train de monter l'escalier à l'école, il a rencontré une fille très belle. Elle ne s'est pas rendu compte que Xavier avait mauvaise haleine parce qu'elle était enrhumée ! Elle ne pouvait pas respirer. Xavier et la fille sont sortis ensemble. Ils se sont amusés ! Xavier a continué à manger beaucoup d'ail !

Un jour, Xavier et la fille sont allés au cinéma ensemble, mais malheureusement, la fille n'était plus enrhumée. Elle pouvait respirer. Elle s'est rendu compte que Xavier avait très mauvaise haleine. Elle lui a donné un bonbon à la menthe, mais ils étaient en retard pour le cinéma. La fille était fâchée. Elle n'avait plus envie de sortir avec Xavier !

√ Révision 2 - Write an ending for this story (at least 100 words).

Il y avait une fille qui habitait aux États-Unis. Elle apprenait le français à l'école. Le français était son cours préféré. La fille avait envie d'aller an France, mais elle n'était pas prête. Elle voulait améliorer son français avant d'y aller. Elle avait envie d'aller à Paris. Elle avait envie de monter en haut de la Tour Eiffel. La fille a parlé à ses parents. Elle leur a demandé : « Est-ce que vous voulez bien me permettre d'aller à Paris cet été ? » Ses parents voulaient l'accompagner, mais la fille les a suppliés de la laisser y aller seule. Elle leur a dit : « Ne vous inquiétez pas ! » Ses parents ont fini par lui donner la permission.

La fille était impatiente de partir. Jour après jour, elle étudiait le français après l'école. Elle voulait améliorer son français. Ses parents l'entendaient toujours dans sa chambre en train de parler français. La fille attendait le jour de son départ pour la France avec impatience.

Le 25 juin, elle s'est réveillée de bonne heure. Elle était folle de joie. C'était le jour de son départ ! Elle était prête. Elle est montée dans la voiture. Elle a crié à ses parents : « Allons-y vite ! » Mais ses parents n'étaient pas prêts ! La fille a crié encore une fois : « Dépêchez-vous, s'il vous plaît ! Je suis pressée ! Je ne veux pas être en retard ! » Enfin, ses parents étaient prêts ! Ils ont amené leur fille à l'aéroport et ils lui ont dit : « Au revoir! Bon voyage ! Amuse-toi bien ! »

L'avion est arrivé à l'aéroport Charles de Gaulle à Paris. La fille avait envie d'aller tout de suite à la Tour Eiffel. Quand elle a vu la Tour Eiffel, elle était tellement heureuse qu'elle a crié : « Youpi ! » Tout le monde parlait français. La fille avait envie de monter en haut de la Tour Eiffel, mais il y avait un petit problème. L'ascenseur était en panne.

_____

_____

_____

_____

_____

_____

_____

_____

_____

Lecture Culturelle :
Les repas français

En France, comme aux États-Unis, il y a trois repas. Le matin, on se dépêche pour prendre le petit déjeuner. D'habitude on ne mange qu'une tranche de pain grillé et on boit un bol de café ou de chocolat. Quelquefois on mange des croissants avec de la confiture. A midi, on déjeune. Typiquement, le déjeuner est un repas plus important que le dîner. Les élèves rentrent souvent chez eux pour déjeuner. Le soir, on dîne. En France, le dîner peut durer des heures. Les Français aiment discuter pendant ce repas. En principe, on mange plus tard et plus légèrement qu'aux États-Unis.

Mais il y a un « quatrième repas » français qui n'existe pas aux États-Unis. C'est le goûter. Le goûter est typiquement français. Après l'école, quand les enfants rentrent de l'école, ils ont envie de se détendre et de manger quelque chose avant de faire leurs devoirs. Après avoir mangé, ils sont prêts à étudier et à travailler. Souvent les enfants mangent un morceau de pain avec du chocolat ou du Nutella, ou bien un petit pain au chocolat. Ce repas s'appelle « le goûter. » C'est le repas préféré des jeunes Français.

Activité

1. Qu'est-ce que tu aimes manger le matin avant d'aller à l'école ?

2. Est-ce que tu bois ton café ou ton chocolat dans un bol ? _____ Si non, dans quoi le bois-tu ?

3. Où déjeunes-tu à midi ?

4. Combien de temps les repas durent-ils chez toi ?

Notes

Mini-conte D

se remplissent de larmes	s'évanouit	il fait une randonnée
a mauvaise haleine	aboie	se brosse les dents

Il y a un chien qui s'appelle Puant. Puant est un chien brun qui est très mignon et super aimable. Il essaie d'impressionner sa maîtresse Danielle en sautant et en étant sage. Il devient fou de joie quand Danielle s'approche de lui. Il est toujours prêt à faire une randonnée au sommet de la montagne avec Danielle.

Mais Puant a un gros problème. Il a mauvaise haleine. Quand il aboie près de Danielle, les yeux de Danielle se remplissent de larmes et elle s'évanouit. Quand il se promène près des autres chiens qui font des randonnées dans la forêt et qu'il aboie, leurs yeux se remplissent de larmes et ils s'évanouissent à cause de la mauvaise haleine de Puant. Quand il aboie pour demander son dîner, les yeux de Danielle se remplissent de larmes et elle s'évanouit à cause de la mauvaise haleine du chien. Le pauvre Puant est toujours triste et de mauvaise humeur au lieu de s'amuser avec Danielle et les autres chiens. Au lieu de faire des randonnées en montagne avec Danielle, ses yeux se remplissent de larmes parce qu'elle ne lui permet pas de l'accompagner à cause de sa mauvaise haleine.

Le matin, quand Danielle se brosse les dents, Puant veut que Danielle lui brosse les dents pour combattre sa mauvaise haleine. Mais quand il aboie dans la salle de bains pour lui demander de lui brosser les dents, sa mauvaise haleine est si puissante que Danielle s'évanouit. Au lieu de lui brosser les dents, elle se fâche plus que d'habitude. Il pense qu'elle ne comprend pas, alors il aboie encore une fois. Ses yeux se remplissent de larmes et elle s'évanouit à nouveau. Pauvre Puant déteste sa mauvaise haleine, mais il ne peut pas se brosser les dents lui-même. Après tout, c'est un chien !

Un jour, Puant a envie de faire une randonnée dans le Bois de Boulogne à Paris. Il veut faire une randonnée avec Danielle, mais quand il s'approche d'elle et aboie, les yeux de Danielle se remplissent de larmes et elle s'évanouit. Finalement, il décide de faire une randonnée avec les autres chiens, mais quand il s'approche d'eux, leurs yeux se remplissent de larmes et ils s'évanouissent parce que Puant a une si mauvaise haleine quand il aboie.

Finalement, au lieu de faire une randonnée, il rentre à la maison tout seul et ses yeux se remplissent de larmes. Mais tout à coup, il entend un bruit. Il y a des voleurs dans sa maison ! Puant aboie, mais Danielle ne l'entend pas. Il aboie encore plus fort, mais la maman de Danielle ne l'entend pas non plus. Alors il s'approche des voleurs et il aboie. Quand il aboie, leurs yeux se remplissent de larmes et ils s'évanouissent à cause de sa mauvaise haleine. Il court vite tout en aboyant et il réussit à avertir la police. Les gendarmes arrivent, et ils attrapent les criminels. Danielle est si contente qu'elle ne s'aperçoit pas de la mauvaise haleine du chien. Elle va à Pet Smart et elle achète une brosse à dents pour chien. Elle achète aussi de la pâte dentifrice « Bonne Haleine » pour chien.

Maintenant elle brosse les dents de Puant trois fois par jour et il n'a plus mauvaise haleine. Son haleine sent la menthe! Danielle fait des randonnées tous les jours avec Puant. Et pour le remercier d'avoir sauvé la famille, elle change son nom. Maintenant, il s'appelle « Haleine Fraîche » !

Mini-conte D Activité
√ Remplis les phrases avec une réponse intéressante.

1) Puant avait mauvaise haleine parce qu'il avait mangé _____.

2) Danielle a brossé _____ avec la brosse à dents.

3) Les autres chiens ne voulaient pas faire une randonnée avec Puant parce qu'il _____

_____.

4) Les criminels sont entrés dans la maison pour voler _____

_____.

5) Quand les gendarmes sont arrivés, ils ont dit :

«_____».

Lecture Culturelle : Les chiens en France

En France, les chiens sont les meilleurs amis de leurs maîtres. Les Français ont plus de chiens que d'enfants. Ils sont bienvenus presque partout, même dans les restaurants ! Il est très normal de voir les chiens attendre patiemment que leur maître ou maîtresse leur donne un petit quelque chose à manger sous la table. Il est même permis quelquefois de laisser les chiens manger dans les assiettes à table ! Il arrive parfois que certains restaurants préparent un repas spécial pour les chiens ! Mais marchez prudemment quand vous vous promenez ! Il faut nettoyer les saletés que les chiens ont faites sur les trottoirs, mais comme aux États-Unis, leurs maîtres oublient et même souvent !

Activité

1. Qui est bienvenu dans les restaurants français ?

2. Pourquoi faut-il marcher prudemment sur les trottoirs ?

3. Penses-tu que c'est normal de donner à manger aux chiens dans une assiette au restaurant ? Pourquoi ?

√ **Pretend you are a Hollywood reporter and you see a strange situation in a restaurant, dealing with a celebrity and a dog. Write a brief report about the parties involved and what occurred.**

_____

_____

_____

_____

_____

_____

_____

_____

_____

_____

Episode 1:
Monsieur Grincheux

Episode 1 : Monsieur Grincheux

Il y a un collège qui se trouve au fond des montagnes. Ces montagnes s'appellent Le Jura. Le directeur de l'école s'appelle Monsieur Grincheux. Il n'est pas très populaire parce qu'il est impatient et très cruel. Monsieur G. est très sévère et il est toujours de mauvaise humeur. Il ne plaît à personne. Il maltraite les étudiants. Et plus que tout, il a mauvaise haleine ! Quand il s'approche, les yeux des étudiants se remplissent de larmes parce que M.G. ne se brosse jamais les dents. Les étudiants se plaignent beaucoup et personne ne veut aller à l'école.

Tous les jours, tous les élèves doivent monter jusqu'au sommet de la montagne, même le samedi et le dimanche. Ils se dépêchent parce que personne ne veut rencontrer Monsieur G. Un jour, un élève le rencontre au sommet et lui dit : « Pardon, Monsieur » car il veut le dépasser rapidement. Monsieur G. ne le lui permet pas et il crie après lui. L'élève respire. Pouah ! La mauvaise haleine de Monsieur G. est horrible ! L'élève détourne la tête. Ses yeux se remplissent de larmes et il a envie de vomir, mais il s'évanouit. Maintenant il doit escalader la montagne trois fois par jour comme punition.

Durant la journée, les étudiants ne peuvent pas parler. Quand un étudiant se cache dans un coin pour parler avec une amie et que M. G. l'entend, il lui met de la bande adhésive sur la bouche. Il la colle avec de la Super Glue et l'étudiant ne peut pas l'enlever pendant quatre semaines. Si quelqu'un est enrhumé ou tousse, il lui interdit de prendre un mouchoir, et il doit essuyer son nez sur la manche de sa chemise. C'est dégoûtant !

Les étudiants ne peuvent pas non plus aller aux toilettes. Quand une étudiante va aux toilettes, M.G. se fâche. Il la punit et elle doit nettoyer les toilettes. Elle passe quatre heures à nettoyer les toilettes avec une brosse à dents. Quelle horreur ! M.G. effraie tout le monde !

M. G. n'aiment pas les vêtements à la mode. Et à cause de ça, tous les étudiants doivent porter des uniformes très démodés. Les uniformes sont les mêmes pour les garçons et les filles : une jupe violette et un chemisier marron avec des chaussures roses. Les autres ados de la ville se moquent énormément des élèves. Quelle honte !

Un jour, un élève laisse son livre dans l'escalier de l'école. Il retourne donc le chercher à l'école à huit heures du soir. Il a très peur parce qu'il y a des histoires incroyables au sujet de M. G. On dit qu'il devient un vampire pendant la nuit. L'élève n'a jamais eu aussi peur qu'à ce moment-là. Il court jusqu'à l'escalier, prend son livre et s'enfuit sans voir Monsieur Grincheux. Il est si content que ses yeux se remplissent de larmes.

Quand Monsieur Grincheux se rend compte qu'une fille grossit un peu, il ferme le réfectoire et ne permet même pas une miette de pain dans l'école. Finalement, elle maigrit et Monsieur G. ouvre la cafétéria mais seulement pour y servir des épinards. Tout le monde pense qu'il ne peut rien y avoir de pire...

√ Indicate whether the following statements are _Vrai_ or _Faux_

____ 1. L'école est située au sommet du Jura.

____ 2. Le directeur est très populaire.

____ 3. Les étudiants doivent monter sur la montagne, du lundi au vendredi.

____ 4. Quand l'étudiant rencontre le directeur au sommet de la montagne, il lui dit :
« Excusez-moi. »

____ 5. Au lieu de vomir, l'étudiant s'évanouit.

____ 6. Le directeur met de la bande adhésive sur la bouche de l'étudiant, parce qu'il
embrasse sa petite amie, dans un coin.

____ 7. Une fille passe quatre heures à nettoyer les toilettes avec une brosse à dents.

____ 8. Les garçons vont à l'école, vêtus de jupes violettes.

____ 9. Pendant la nuit, Monsieur G. devient un loup.

____ 10. Monsieur G. ferme la cafétéria parce qu'une fille tombe malade à cause de la
nourriture.

Episode 1 Révision : Le Cruel Directeur

√ **Read Mini-conte D in the** <u>past</u> **tense. After you have read the story, go back through and note the converted verbs by circling the verbs which indicate a one-time past event and underlining verbs which indicate a description or on-going past event. (See sample, paragraph 1)**

    <u>Il y avait</u> un collège qui se trouvait au fond d'une montagne. Cette montagne <u>s'ap-</u>
<u>pelait </u>le Jura. Le directeur de l'école <u>s'appelait</u> Monsieur Grincheux. Il n' <u>était</u> pas très
populaire parce qu'il <u>était</u> impatient et très cruel. Monsieur G. <u>était</u> très sévère et il <u>était</u>
toujours de mauvaise humeur. Il ne <u>plaisait</u> à personne. Il <u>maltraitait</u> les étudiants. Et
plus que tout, il <u>avait</u> mauvaise haleine ! Les étudiants se <u>plaignaient</u> beaucoup et personne ne <u>voulait</u> aller à l'école .

Après de durs efforts, chaque jour, tous les étudiants devaient monter la montagne, même le samedi et les dimanche. Ils se dépêchaient parce que personne ne voulait rencontrer Monsieur G. Un jour, un étudiant l'a rencontré au sommet, et il lui a dit : « Pardon Monsieur. » car il voulait le dépasser rapidement. Monsieur G. ne le lui a pas permis et lui a crié après lui. L'étudiant a respiré et pouah ! La mauvaise haleine de Monsieur G. était horrible ! L'étudiant a dû tourné le visage, ses yeux se sont remplis de larmes et il a eu envie de vomir. Mais au lieu de vomir, il s'est évanoui. Maintenant, l'étudiant devait escalader la montagne trois fois par jour comme punition.

Durant la journée, les étudiants ne pouvaient pas parler. Un jour, un étudiant s'est caché dans un coin avec une amie et a parlé. Monsieur G. l'a entendu. Il lui a mis de la bande adhésive sur la bouche. En plus, il a mis de la Super Glue et l'étudiant n'a pas pu l'enlever pendant quatre semaines.

Les étudiants ne pouvaient pas non plus aller aux toilettes. Un jour, une étudiante est allée aux toilettes et Monsieur G. s'est fâché. Il l'a punie. Elle a dû nettoyer les toilettes. Elle a passé quatre heures à nettoyer les toilettes avec une brosse à dents. Quelle horreur !

Monsieur G. n'aimait pas les vêtements à la mode. À cause de cela les étudiants devaient mettre des uniformes très démodés. Les uniformes étaient les mêmes pour les garçons et les filles : une jupe violette et un chemisier marron avec des chaussures roses.

Un jour, un étudiant a laissé son livre sur l'escalier de l'école. Alors, il est retourné à l'école à huit heures du soir pour le prendre. Il avait très peur parce qu'il y avait des histoires incroyables sur Monsieur G. : comme par exemple, qu'il devenait un vampire la nuit. De toute sa vie il n'avait jamais eu aussi peur qu'à ce moment là. Il a couru vers l'escalier, a pris son livre et s'est échappé sans voir Monsieur Grincheux. Il était si content que ses yeux se sont remplis de larmes.

Un jour, Monsieur G. s'est rendu compte qu'une fille avait un peu grossi. Il a fermé la cafétéria et n'a même pas permis une miette de pain dans l'école. Pendant deux mois, personne n'a pu manger dans l'école. Finalement, elle a maigri et Monsieur G. a ouvert la cafétéria mais seulement pour y servir des épinards. Tout le monde pensait qu'il ne pouvait y avoir rien de pire...

Chapitre trois : Monsieur Grincheux

√ Write a story about a new principal who has taken charge of your school. Describe his/her demeanor, physical characteristics, desire or disdain for discipline, form of discipline, etc. Explain what happens when you have been accused of wrong-doing and how the outcome of the situation affects you and the new principal.

_____

_____

_____

_____

_____

_____

_____

_____

_____

_____

_____

_____

_____

_____

_____

_____

_____

_____

_____

_____

_____

Chapitre quatre :
Le Secret de Monsieur Grincheux

Mini-conte A
rame
au milieu du lac
se moque de
se renverse
lui sauve la vie
survit

Mini-conte B
veut pêcher
la punition
un bouton pousse
il éclate
range sa chambre
est désordonné

Mini-conte C
transpire
il s'éloigne de
il sort le mouchoir
il tousse
mouillé
veut éviter

Mini-conte D
effraye, effrayait
il rêvait
quand il était jeune
n'importe quoi
il lui a offert
il ne pouvait pas dormir

Mini-conte A

rame	se moque de	lui sauve la vie
au milieu du lac	se renverse	survit

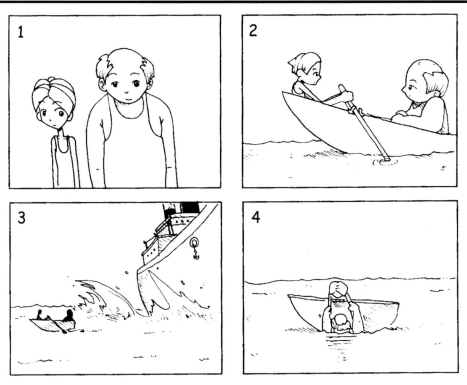

François, le neveu de l'oncle Georges, est un garçon maigre et faible. Il n'est pas du tout fort, et de plus, il est maladroit. Toutes les filles se moquent de François parce qu'il est tellement faible. Elles se moquent de lui, elles rient et elles crient : « Tu es faible. Tu es maladroit. Il faut grossir ! » François a honte. Il veut grossir. Il a envie de devenir aussi fort qu'Arnold Schwarzenegger ! Il se plaint à son oncle Georges. Oncle George veut aider son neveu, alors il lui dit qu'il doit s'entraîner à Bally's tous les jours après l'école. Il lui dit qu'au lieu de manger du gâteau, il doit manger beaucoup de légumes et de viande. Il lui dit : « Ne t'inquiète pas. Tu vas réussir à devenir aussi fort qu'Arnold Schwarzenegger. » François répond : « Vraiment ? Sans blague ? » Mais le pauvre François ne réussit pas du tout à devenir fort. Il reste maladroit. Il ne grossit pas du tout. Toutes les filles se moquent toujours de lui. François est désespéré. Il n'a plus envie d'aller à l'école parce que toutes les filles se moquent de lui. Il n'a pas envie de quitter la maison parce que tout le monde se moque de lui. Même son chien se moque de lui. Il a honte.

Oncle Georges veut aider son neveu. Il lui dit que la meilleure façon de s'entraîner est de ramer. Oncle Georges et François montent dans la voiture d'Oncle Georges. Oncle Georges lui dit : « Les filles ne vont plus se moquer de toi ! Tu vas grossir. Allons-y ! » Alors, Oncle Georges l'emmène au lac. François et Oncle Georges montent dans la petite barque verte d'Oncle Georges et François commence à ramer. Il rame jusqu'au milieu du lac et puis il est fatigué. Le petit bateau se renverse et François et Oncle Georges se retrouvent dans l'eau, au milieu du lac. Ils crient : « Au secours ! Notre bateau s'est renversé ! » Oncle Georges ne sait pas nager. François lui crie : « Ne t'inquiète pas. Je vais te sauver la vie. Tu vas survivre. » D'abord, François sauve la vie à Oncle Georges. Donc, Oncle Georges survit. Puis, François monte dans le bateau, mais il est tellement fatigué qu'il ne peut plus ramer. François se repose.

Mais tout à coup, au milieu du lac, François remarque une fille qui crie au secours. La barque de la fille s'est renversée. Elle est au milieu du lac. La fille ne sait pas nager. Elle supplie François de lui sauver la vie, alors il se dépêche. Il rame très vite et après de durs efforts, il réussit à s'approcher d'elle. Il lui sauve la vie et donc la fille survit ! Ses yeux se remplissent de larmes et elle embrasse François. Elle ne se moque pas de lui. Elle crie : « Tu es mon héros ! Mon bateau s'est renversé. J'ai survécu à cause de toi ! » François dit : « Sans blague ! »

À cet instant, un gros bateau à moteur passe près d'eux et jette une grosse vague sur la petite barque. Soudain, la petite barque se renverse encore une fois au milieu du lac. François, Oncle Georges et la fille tombent dans l'eau. Oncle Georges et la fille ne savent toujours pas nager. Ils crient : « Au secours ! Sauve-nous la vie ! » François les entend et il crie : « Ne vous inquiétez pas ! Je vais vous sauver la vie ! Vous allez survivre ! »

François est pressé. Il a envie de leur sauver la vie. Il rame très vite vers eux. D'abord, il sauve la vie à Oncle Georges. Oncle Georges survit donc encore une fois. Puis, il sauve la vie à la fille une deuxième fois. Donc, elle survit de nouveau. Le lendemain François reçoit le prix du Héros de l'Année. François est au milieu de trois cents filles. Les filles se rendent compte que François est un héros. Toutes les filles crient : « Tu es notre héros ! » Elles ne se moquent plus de lui. Elles le trouvent formidable et maintenant elles l'admirent. Il devient leur meilleur ami !

√ Répondez à ces questions :

1. Pourquoi toutes les filles se moquent-elles de François ?

2. Quelle est la meilleure façon pour François de s'entraîner ?

3. Pourquoi François sauve-t-il la vie à une fille ?

4. François veut devenir aussi fort que qui ?

5. Est-ce que tu as déjà sauvé la vie à une personne ou à un animal ? Décris l'incident.

Mini-conte A Révision

Il y avait deux frères qui habitaient ensemble dans une petite maison sur une petite île au milieu d'un lac au Canada. Au lieu d'aller à l'école en autobus comme les autres enfants, ces deux frères devaient aller à l'école en barque. Les autres enfants se moquaient d'eux. Au lieu de descendre d'un autobus le matin, les deux frères descendaient d'une barque. Ils étaient toujours fatigués d'avoir ramé jusqu'à l'école. À midi, au lieu de déjeuner à l'école, les deux frères montaient dans leur barque. Ils ramaient jusqu'au milieu du lac. Ils attrapaient des poissons et ils les mangeaient. Après le déjeuner, ils ramaient de nouveau à l'école. À force d'avoir beaucoup ramé, les deux garçons étaient devenus très forts. Leurs bras étaient devenus très musclés.

Un jour, Arnold Schwarzenegger est venu dans leur école. Il a parlé aux élèves. Il a essayé de les impressionner. Il leur a dit : « Je ne suis pas faible. D'ailleurs, je suis l'homme le plus fort du monde. Mes bras sont musclés. J'ai les plus gros muscles du monde. J'ai réussi à sauver la vie à cinq mille personnes. Je suis un héros ! »

À midi, Arnold a dit : « Je voudrais voir qui peut attraper le plus gros poisson. Je suis l'homme le plus fort du monde. Si quelqu'un réussit à attraper un poisson plus gros que celui que j'attraperai, je lui donnerai cinq mille dollars. » Arnold est monté dans sa barque. Les deux frères sont aussi montés dans leur petite barque. Arnold a ramé jusqu'au milieu du lac. Les deux frères, eux aussi, ont ramé jusqu'au milieu du lac. D'abord, Arnold a attrapé deux petits poissons. Puis, il a attrapé trois poissons moyens. Puis, il a fini par attraper un très gros poisson. Arnold a ri. Il a dit : « J'ai réussi à attraper le plus gros poisson ! » Mais le poisson d'Arnold était tellement gros que son bateau s'est renversé. Arnold est tombé dans l'eau. Sa tête a heurté le bateau. Arnold était blessé. Il ne savait pas nager !

D'abord, Arnold a crié : « Aïe ! Ça fait mal ! Au secours ! » Puis, Arnold s'est évanoui. Les deux frères ont entendu Arnold. Ils lui ont crié : « Ne vous inquiétez pas ! » Ils ont ramé jusqu'à lui aussi rapidement que possible. Arnold était au fond du lac. Il était presque mort. Les deux frères ont sauté dans l'eau. Ils ont sauvé la vie à Arnold. Arnold a survécu ! Arnold était tellement content qu'il leur a dit : « Laissez-moi vous donner 5 mille dollars. Vous êtes de vrais héros ! » Arnold a donné cinq mille dollars à chaque frère. Les deux frères étaient des héros. Personne ne s'est jamais plus moqué d'eux.

√ Répondez à ces questions :

1. Où habitaient les deux frères ?

2. Pourquoi les autres enfants se moquaient-ils d'eux ?

3. Où est-ce que les deux frères déjeunaient ?

4. Comment les deux frères étaient-ils devenus forts ?

5. Pourquoi le bateau d'Arnold s'est-il renversé ?

6. Pourquoi Arnold a-t-il donné $5.000 à chaque garçon ?

Lecture culturelle : Comment rester en forme.

François, le neveu d'Oncle Georges, est maigre et faible. Il doit grossir un peu. Il n'est pas en forme. Son oncle lui dit qu'il doit ramer pour se mettre en forme. En principe, que font les Français pour rester en forme ? Quand les Français veulent maigrir, que font-ils ?

La forme physique et la santé sont très importantes pour les Français. Les Français pensent qu'il faut faire de l'exercice. Les Français aiment beaucoup le sport et beaucoup de Français font du sport régulièrement pour rester en forme. Leur sport favori est le football. Il y a plus de vingt mille clubs de football en France.

Le ski est très populaire aussi. Beaucoup de familles profitent des vacances d'hiver pour partir à la montagne. Il faut skier prudemment pour éviter de se blesser. Le cyclisme est très populaire aussi. C'est une excellente forme d'exercice. Le Tour de France est une course cycliste internationale qui a lieu en juillet. C'est peut-être l'évènement sportif français qui est le plus célèbre aux États-Unis.

D'autres sports, tels que le tennis, la planche à voile et l'aérobic sont très pratiqués par les Français. Les gens font du jogging dans les parcs. Ils font aussi des randonnées à la campagne ou dans les montagnes. C'est ainsi que les Français réussissent à rester en forme.

Mini-conte B

veut pêcher	la punition	est désordonné
un bouton pousse	il éclate	range sa chambre

Il y a une fille qui s'appelle Simone. Simone veut pêcher avec son ami Xavier. Xavier a une petite barque, et il rame comme un expert. Elle veut pêcher avec Xavier parce qu'elle veut l'impressionner avec ses talents. Elle s'est entraînée à bien ramer et pêcher et elle pense qu'elle peut impressionner Xavier. Maintenant elle rame très bien et elle pêche bien aussi. Mais elle a deux problèmes. D'abord, elle est très désordonnée. Quand sa maman l'entend au téléphone avec Xavier en train d'organiser un rendez-vous, elle lui dit : « Simone, je ne te permets pas de sortir avant que tu ranges ta chambre. Tu es très désordonnée. Il faut absolument ranger ta chambre, sinon, je ne te permets pas d'aller pêcher avec Xavier. Ce sera ta punition. »

Alors Simone se dépêche de ranger sa chambre. Mais Simone est un peu coquine. Au lieu de vraiment ranger sa chambre, elle met ses chaussettes au fond du lit, elle lance tous ses autres vêtements dans son armoire et elle pousse tous ses livres sous son bureau. Maintenant sa chambre semble bien en ordre. Elle n'est plus désordonnée. Elle n'aura pas de punition de sa maman à cause du désordre. Elle est obligée de pousser fort sur la porte de l'armoire pour pouvoir la fermer parce qu'elle est pleine de vêtements.

Maintenant, Simone veut se préparer pour son rendez-vous avec Xavier, mais quand elle se regarde dans le miroir, elle voit son deuxième problème. Un énorme bouton lui pousse sur le bout de son nez. Il est super gros. Il est plus gros qu'une tomate ! C'est dégoûtant ! Simone a honte et elle se dit : « C'est ma punition de m'être dépêchée de ranger ma chambre. Je voulais aller à la pêche avec Xavier, je me suis dépêchée et maintenant j'ai un gros bouton sur le bout du nez. Quel désastre ! Il est plus gros qu'une tomate. Je souhaite qu'il éclate ! »

Simone se rend compte que ça rime, et elle éclate de rire. Elle regarde son bouton qui semble encore pousser, et elle pense à sa chambre qu'elle n'a pas très bien rangée. Elle éclate de rire encore une fois, si fort qu'elle trébuche et tombe contre la porte de son armoire. Comme elle est désordonnée et un peu coquine et qu'elle n'a pas bien rangé sa chambre, la porte s'ouvre et frappe Simone sur le nez. Elle crie : « Aïe, ça fait mal ! »Elle finit par se regarder dans le miroir. Incroyable ! Le bouton plus gros qu'une tomate a éclaté ! Elle descend l'escalier en courant et crie : « Maman ! J'ai rangé ma chambre, et maintenant je ne suis plus désordonnée. En plus, mon gros bouton a éclaté, alors je vais pêcher avec Xavier. » Sa maman lui dit : « ???????????????????????? »

√ Répondez à ces questions :

1. Décris la personnalité de Simone.

      a.

      b.

      c.

2. Pourquoi Simone veut-elle aller à la pêche avec Xavier ?

3. Qu'est-ce que Simone découvre quand elle se regarde dans la glace ?

4. Comment Simone parvient-elle à se débarrasser de son bouton ?

5. À ton avis, Simone est-elle encore désordonnée à la fin de l'histoire ? Pourquoi ?

Mini-conte B Révision

Qu'est-ce que la maman de Simone lui a répondu ?   Elle lui permet de pêcher avec Xavier ? Oui ou non ? Pourquoi ? Écris un paragraphe pour continuer le conte de Simone.

_____

_____

_____

_____

_____

_____

_____

_____

_____

_____

_____

_____

_____

_____

_____

_____

_____

_____

Questions personnelles

1. Quand est-ce que tu ranges ta chambre ?

_____

_____

2. Est-ce que ta mère ou ton père doit te le demander ?

_____

_____

3. Est-ce que tu aides te mamman à ranger la maison chaque semaine ?

_____

_____

4. Es-tu désordonné(e) ?

_____

_____

5. Ton prof est-il désordonné(e) dans la salle de classe ?

_____

_____

Lecture culturelle : Le temps libre

Quand les jeunes Français ont du temps libre, peut-être ont-ils envie d'aller à la pêche comme Simone et Xavier ! Mais il y a beaucoup d'autres loisirs qui les intéressent aussi. Par exemple, comme les ados américains, ils aiment le sport, la musique et la télé. Ils se rendent ensemble au café, au cinéma et dans les clubs. Ils aiment danser et passer la soirée avec leurs amis dans les boîtes, les boums ou chez eux. D'habitude, ils sortent en groupes même si un(e) petit(e) ami(e) est probablement dans le groupe !

Ils aiment faire du shopping dans les boutiques ou au centre commercial, ils adorent les vacances en famille à la plage où ils peuvent nager et se bronzer, ou à la montagne pour skier et faire des randonnées. D'habitude, le mois d'août est le mois des vacances. Toutes les entreprises sont fermées ainsi que beaucoup de magasins sauf bien sûr les endroits touristiques ou les hôpitaux ! Ils sont fanas de sports comme le tennis ou le foot. Peut-être que quelques-uns s'entraînent pour le Tour de France ! Est-ce que tu aimes toutes ces activités ou est-ce que tu préfères t'asseoir avec un Coca ou un jus de fruit, en lisant des livres français ? Après tout, à chacun son goût !

Mini-conte C

transpire	il sort le mouchoir	mouillé(e)
il s'éloigne de	il tousse	veut éviter

L'oncle de François (Oncle Georges) est malade. Il est malade après être tombé dans l'eau quand son bateau s'est renversé. Il a survécu parce que son neveu François lui a sauvé la vie, mais il était tout mouillé. Ses vêtements étaient mouillés. Ses chaussures étaient mouillées. Ses cheveux étaient mouillés. Tout est resté mouillé pendant presque cinq heures et aujourd'hui Georges est enrhumé. Il sort son mouchoir et il tousse beaucoup. Il transpire beaucoup et ensuite il a très froid. De plus, il a du mal à respirer. Il a envie de rester au lit. Mais au lieu de rester au lit, il va à son bureau pour travailler. Il a peur de perdre son emploi.

Oncle Georges monte dans l'autobus pour aller au bureau. Ses vêtements sont encore mouillés parce qu'il transpire beaucoup. Il s'assied au milieu de l'autobus. Il commence à tousser. Il cherche un mouchoir. Malheureusement il se rend compte qu'il n'a pas son mouchoir. Il l'a oublié à la maison. Il tousse encore. Il a du mal à respirer. Les autres passagers s'éloignent de Georges. Ils veulent éviter de tomber malade comme Georges. Ils veulent éviter de tousser et d'attraper son rhume. Georges tousse encore. Les autres passagers le supplient d'arrêter. Le monsieur assis à côté de Georges se plaint. Il s'éloigne de Georges et il lui dit : « Je vous en supplie, Monsieur. Ne toussez pas ou bien toussez dans votre mouchoir ! Je veux éviter d'attraper votre rhume ! » Georges a honte. Il ne peut pas tousser dans son mouchoir puisqu'il l'a oublié chez lui. Il dit : « Je suis désolé ! »

Quand Georges arrive au bureau, ses camarades le saluent. La dame qui travaille à côté de Georges lui dit : « Bonjour Georges, comment allez-vous ? » Georges répond, « Ça va ! » Mais il commence à tousser. Il tousse beaucoup. Son mouchoir lui manque. Georges transpire et sa cravate devient mouillée. La dame se rend compte que Georges est malade. Il est enrhumé. La dame veut éviter d'attraper son rhume. Elle s'éloigne vite de lui. Elle sort un mouchoir parce qu'elle commence à tousser.

Georges transpire beaucoup. Le monsieur qui travaille à côté de Georges lui dit : « Georges, pourquoi vos vêtements sont-ils mouillés ? Est-ce qu'il pleut ? » Georges a honte. Ses vêtements et ses cheveux sont complètement mouillés. Georges dit : « Oui ! Il pleut beaucoup. J'ai oublié mon parapluie ! »

Mais Georges ne peut pas éviter de transpirer. Il essaie, mais il n'y parvient pas. Il ne peut pas éviter de tousser. Il essaie de s'arrêter, mais il n'y parvient pas. Tout le monde l'entend tousser. Même au fond du couloir, on entend Georges qui tousse. On lui crie : « Sortez votre mouchoir ! » en s'éloignant de lui.

Tout le monde s'éloigne de Georges. Ils veulent tous éviter de tomber malade. Personne ne veut attraper son rhume, mais à la fin de la journée, tous les employés sont malades. Tous les employés toussent. Tous les employés sont enrhumés. Ils sortent leurs mouchoirs et ils toussent et ils transpirent. Quelle horreur ! Le jour suivant, ils sont tous absents, sauf Georges. Georges, qui avait peur de perdre son emploi, ne le perd pas car il est la seule personne à pouvoir travailler ce jour-là. Il se sent bien !

√ Répondez à ces questions :

1. Pourquoi Georges est-il enrhumé ?

2. Quand tu es enrhumé, est-ce que ta mère te permet de rester au lit ou est-ce que tu dois aller à l'école ?

3. Pourquoi est-ce que Georges ne sort pas son mouchoir ?

4. Pourquoi est-ce que tout le monde s'éloigne de Georges ?

5. Pourquoi est-ce que les vêtements de Georges sont mouillés ?

Mini-conte C Révision

√ Write an ending for this story. (100 words)

Il y avait un garçon qui s'appelait Pierre. Pierre était très beau. Pierre portait toujours des vêtements chic et à la mode. Pierre était très aimable, mais il y avait un problème, un gros problème. Pierre transpirait beaucoup. Il avait toujours honte parce que ses vêtements étaient toujours mouillés. Tout le monde se moquait de lui. Il était toujours de mauvaise humeur. Il n'avait pas d'amis. Quand Pierre entrait dans une pièce, tout le monde s'éloignait de lui. On voulait éviter d'être près de lui. D'ailleurs, Pierre était toujours seul.

Pierre était amoureux d'une fille qui s'appelait Claire. Pierre avait envie de l'inviter au cinéma, mais chaque fois qu'il s'approchait d'elle, elle s'éloignait de lui. Jour après jour, il essayait d'impressionner Claire, mais il n'y parvenait pas. Claire aimait un autre garçon, un garçon qui ne transpirait pas.

Pierre a téléphoné à Dr. Phil. Il s'est plaint. « Dr. Phil, j'ai un gros problème. Je transpire beaucoup. Mes vêtements sont tellement mouillés que mes amis se moquent de moi. Tout le monde veut éviter d'être près de moi. Tous mes amis s'éloignent de moi. Je suis désespéré ! » Dr. Phil a répondu : « Pierre, ne t'inquiète pas !... »

_____

_____

_____

_____

_____

_____

_____

_____

_____

_____

_____

_____

Lecture Culturelle : Louis Pasteur

Louis Pasteur était biologiste et chimiste. Il a été un des plus grands scientifiques du 19e siècle. C'est lui qui a été le fondateur de la microbiologie. Il a réussi à sauver la vie à beaucoup de personnes. Grâce à lui, beaucoup de gens ont survécu à des maladies graves.

Louis Pasteur est né en 1822 dans une petite ville du Jura, les montagnes qui se trouvent entre la France et l'Allemagne. Au collège, il n'était pas très bon élève. Il n'aimait pas ses cours. Ses parents se plaignaient, mais il a fini par les impressionner.

En 1854, Pasteur a commencé l'étude des microbes. Il les a appelés « germes » Il a fondé une nouvelle science, la microbiologie. Avant Pasteur, on croyait que les maladies étaient crées par le corps humain. C'était la théorie de la « génération spontanée. » Mais Pasteur a fait des recherches et il a découvert que les maladies n'arrivaient pas toutes seules. À son avis, les maladies étaient causées par des organismes infiniment petits.

Pasteur s'est rendu compte que les microbes étaient partout ! Il a supplié les chirurgiens de se laver les mains avant d'opérer et de laver aussi leurs instruments. Malheureusement, on ne le croyait pas parce qu'il n'était pas médecin.

Les travaux de Pasteur ont fortement marqué la médecine. En 1880, Pasteur a découvert la vaccination. Il a trouvé un vaccin contre la rage*. Pour la première fois, on a vacciné un être humain, un petit garçon de neuf ans qui avait été mordu par un chien. Pasteur lui a sauvé la vie.

Il a aussi inventé des vaccins contre le choléra, la tuberculose et la diphtérie. Pasteur a découvert une méthode de conservation des liquides, proposant de chauffer l'aliment. Cette méthode qui tue les microbes sera appelée « pasteurisation »

*rabies

√ Répondez à ces questions :

1. Explique ce qu'est la pasteurisation.

2. Pourquoi Pasteur a-t-il dû vacciner le petit garçon ?

3. Qui a découvert qu'il y a des microbes partout ?

4. Explique pourquoi on peut être très intelligent et ne pas être bon élève.

Mini-conte D

effraye, effrayait	n'importe quoi
il rêvait	il lui a offert
quand il était jeune	il ne pouvait pas dormir

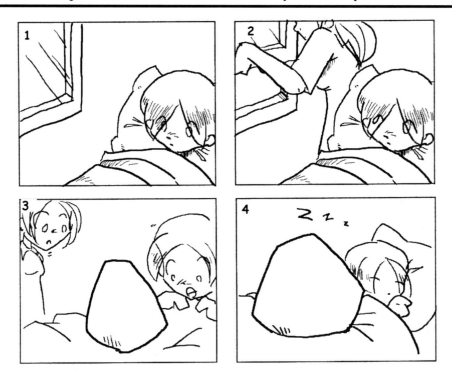

Quand Oncle Georges était jeune, tout l'effrayait. Quand il rêvait, il ne pouvait pas dormir parce que ses rêves l'effrayaient. Tous ses rêves étaient des cauchemars sur tout et sur n'importe quoi. Quand il rêvait de barques, les barques se renversaient, il s'effrayait, et il ne pouvait pas dormir. Quand il rêvait de randonnées dans la forêt, il trébuchait et tombait, il s'effrayait, et il ne pouvait pas dormir. Quand il rêvait de boutons, de gros boutons poussaient partout sur sa figure, il s'effrayait, et il ne pouvait pas dormir. Un jour quand il était jeune, sa maman lui a offert des biscuits, ça l'a tellement effrayé qu'il n'a pas pu dormir. Il rêvait de biscuits énormes qui le mangeaient et ça l'effrayait. N'importe quoi l'effrayait quand il rêvait et il ne pouvait pas dormir. Les chiens qui aboyaient l'effrayaient. Les énormes boutons qui éclataient l'effrayaient. Quand il était jeune, n'importe quoi l'effrayait. Il rêvait, il se réveillait et ne pouvait pas se rendormir.

Alors sa maman lui a offert du chocolat chaud parce qu'il ne pouvait pas dormir. Elle lui a offert un croissant avec de la confiture aux fraises, sa favorite, et du thé parce qu'il ne pouvait pas dormir. Elle lui a demandé : « Mon pauvre petit Georges, qu'est-ce qui t'effraye ? » « Tout et n'importe quoi, Maman ! Au lieu de m'endormir, je rêve de n'importe quoi, et je ne peux pas dormir. Tout m'effraye ! Je ne peux pas dormir parce que je rêve de monstres qui m'effrayent, et je ne peux pas dormir. »

Alors, sa maman lui a offert un oreiller qui ressemblait à un rocher. Elle lui a dit : « Tiens, mon petit. Quand j'étais jeune, je rêvais aussi de beaucoup de choses qui m'effrayaient, et je ne pouvais pas dormir. Tout et n'importe quoi m'effrayait aussi. Alors ma mère m'a offert un oreiller magique, et instantanément, plus rien ne m'effrayait et j'ai pu dormir. Je t'offre cet oreiller magique. Si tu rêves de n'importe quoi qui t'effraye, lance cet oreiller à ce n'importe quoi, et tu pourras dormir comme un bébé ! » Alors Georges s'est endormi avec l'oreiller que sa mère lui avait offert. Il n'était plus effrayé et il pouvait dormir profondément.

Mini-conte D Révision

Est-ce que Georges a réussi à s'endormir ? Il pouvait dormir avec l'oreiller ? Il rêvait de n'importe quoi qui l'effrayait ? Écris un paragraphe pour continuer le conte.

_____

_____

_____

_____

_____

_____

_____

_____

_____

_____

_____

_____

_____

_____

_____

_____

Activité

√ Complète les phrases suivantes.

1) Quand j'étais jeune, je ne pouvais pas...

2) Quand j'étais jeune, je pouvais ...

3) Quand j'étais jeune, j'étais effrayé de ...

4) Quand j'étais jeune, je rêvais de ...

5) Quand j'étais jeune, ma mère ou mon père m'offrait ...

Lecture Culturelle : Le Tour de France

Le Tour de France est un des évènements sportifs les plus prestigieux en France. Organisé en 1903, c'est une épreuve d'endurance physique et mentale pour les cyclistes. Ils font environ 2000 milles à bicyclette en vingt-trois jours, pendant le mois de juillet. Ils font le tour du pays. Le plus difficile et le plus dangereux, c'est bien sûr de monter et descendre les fortes pentes des Alpes et des Pyrénées. Ceux qui se spécialisent dans les hauteurs s'appellent des grimpeurs. Chaque jour, celui qui gagne l'étape a l'honneur de porter le célèbre maillot jaune. Le Tour se termine à Paris où l'heureux gagnant fait le tour des Champs-Elysées sous le regard admirateur et les applaudissements de la foule.

Le tour est devenu très populaire aux États-Unis quand un Américain, Lance Armstrong, a gagné son premier tour en 1999 après avoir souffert d'un cancer grave. Après sa guérison, il a même réussi à gagner sept tours. Jamais aucun coureur n'avait réussi à remporter autant de victoires, soit plus de tours qu'aucun coureur ait jamais gagnés. Il s'est entraîné malgré sa maladie, et pour beaucoup, il représente le courage à la poursuite de l'excellence. On dirait que le jaune doit être la couleur préférée de Lance ! Il a créé une organisation humanitaire pour aider à faire de la recherche sur le cancer. Elle s'appelle "Livestrong". Et les bracelets qu'on reçoit quand on fait un don ? Naturellement, ils sont jaunes !

Mais attention ! N'oublions pas qu'il y a aussi un Tour pour dames en juillet, mais il est moins connu.

√ **Répondez à ces questions :**

1. Pourquoi la montée et la descente des Pyrénées et des Alpes sont-elles dangereuses ?

2. Quel coureur a remporté le plus de victoires dans le Tour de France jusqu'à present ?

3. Pourquoi lance Armstrong représente-t-il le courage à la poursuite de l'excellence ?

√ **Select the most appropriate English meaning for the following words and phrases.**

1. *il veut pêcher*
    a. I want to pitch   b. he wants to pitch
    c. he wants to fish   d. he can fish

2. *elle range sa chambre*
    a. she arranges the chambers   b. he cleans his room
    c. she cleaned her room   d. she cleans her room

3. *transpire*
    a. transpires   b. transpired   c. perspires   d. perspired

4. *veut éviter*
    a. wanted to avoid   b. wanted to invite
    c. wants to avoid   d. is able to avoid

5. *il pouvait dormir*
    a. she could not sleep   b. he could sleep
    c. he can not sleep   d. he should not sleep

6. *quand il était jeune*
    a. a long time ago   b. he is young
    c. when he was young   d. when it was June

Le Secret de Monsieur Grincheux

Le Secret de Monsieur Grincheux

Quand il était jeune, Monsieur G. rêvait d'être directeur d'école. Il aimait tourmenter les étudiants. Monsieur G. inventait des punitions pour les étudiants. Les punitions n'étaient pas justes, mais une en particulier était si cruelle que cela me fait de la peine de le dire. Un jour Monsieur G. avait un bouton sur le nez. Le bouton était plus gros que le Jura. Il s'est fâché avec une étudiante, et lui a dit en criant : « Perce le bouton avec tes doigts ! » La fille n'a pas pu s'échapper et a dû percer le bouton avec ses doigts. C'était dégoûtant !

La fille a failli ne pas survivre à cette punition. Elle avait eu tellement peur que chaque fois qu'elle voyait M.G., elle transpirait, elle tombait, et elle s'éloignait de lui. Elle ne pouvait pas le voir sans tomber malade. Elle rêvait de ses punitions, et elle avait souvent des cauchemars sur la vie dans son école.

Les étudiants se forçaient à aller chaque jour à l'école parce que sinon Monsieur G. rendait visite, durant la nuit, aux étudiants absents. Un jour, il est allé rendre visite à un étudiant et l'a puni parce que sa chambre était en désordre. À cause de cela, l'étudiant a dû nettoyer toute l'école. Quelle cruelle punition !

C'était un samedi, le 2 avril, et un étudiant célébrait son anniversaire. Son papa lui a offert une barque. Alors, cet après-midi-là, l'étudiant est allé pêcher dans un lac qui était très loin de l'école. Il était heureux dans sa barque au milieu du lac. Il n'avait pas besoin de voir M.G. ni de subir ses punitions sévères. Mais tout à coup, quelqu'un a crié et a fait peur au garçon. Il a entendu : « Au secours ! Au secours ! » Il a vu une personne qui coulait à pic au milieu du lac. Le garçon a ramé vigoureusement vers la personne qui se noyait. Il avait peur et lui a offert une rame, mais la personne ne pouvait pas l'attraper. Maintenant il ne pouvait plus voir cette personne dans l'eau. Il était vraiment effrayé et l'a cherchée et cherchée. Sans se soucier du danger, il a plongé dans l'eau. Finalement, il l'a trouvée et l'a hissée dans la barque.

L'étudiant est monté dans la barque et a découvert qui était la personne. C'était M. G. ! Il avait l'air mort. L'étudiant ne voulait pas lui sauver la vie, mais il s'est forcé à lui faire du bouche-à-bouche. M.G. a toussé très fort en plein milieu du bouche-à-bouche, et dix minutes plus tard, il a commencé à respirer.

Monsieur G. a ouvert les yeux et a vu l'étudiant. Il l'a embrassé très fort et lui a dit : « Mon garcon, parce que tu m'as sauvé la vie, je vais t'offrir n'importe quoi. Que veux-tu ? » Le garçon a réfléchi longuement et finalement il lui a répondu : « Monsieur, l'unique chose que je désire est que jamais, JAMAIS, vous ne disiez que je vous ai sauvé la vie. »

√ Put the following sentences in order according to the events of the episode.

_____ A. Un étudiant a célébré son anniversaire.

_____ B. Le garçon s'est rendu compte de l'identité de la personne.

_____ C. Monsieur G. rêvait d'être le directeur d'une école.

_____ D. Le garçon lui a répondu : « Ne dites jamais que je vous ai sauvé la vie. »

_____ E. La fille a percé le bouton avec ses doigts.

_____ F. Il a entendu « Au secours ! Au secours ! »

_____ G. Il lui a fait du bouche-à-bouche.

_____ H. Il a plongé dans l'eau.

√ Underneath each character's name, write the word or phrase which most applies to each.

<table>
<tr><td></td><td><u>l'étudiant/e</u></td><td><u>Monsieur G.</u></td></tr>
</table>

1. rêvait d'être directeur

2. a inventé des punitions

3. avait l'air mort

4. avait un énorme bouton

5. a reçu une barque

6. est allé au lac pour pêcher

7. a crié « Au-secours »

8. a entendu « Au-secours »

9. a ramé et a ramé

10. lui a sauvé la vie

11. a offert n'importe quoi

12. lui a fait du bouche-à-
bouche

13. s'est rendu compte de qui
était la personne

14. l'a embrassé

15. avait mauvaise haleine

√ Answer the following questions about Episode 2.

1. Qu'est-ce que Monsieur Grincheux faisait quand il était jeune ?

2. Comment l'étudiante réagissait-elle vis à vis de Monsieur G. après lui avoir percé le bouton ?

3. Qu'est-ce que Monsieur G. faisait quand un étudiant était absent ?
(Donne une réponse complète.)

4. Pourquoi est-ce que l'étudiant est allé sur un lac très loin de l'école ?

5. Qu'est-ce que l'étudiant a fait quand il a vu une personne dans le lac ?

6. Que s'est dit l'étudiant quand finalement il s'est rendu compte de l'identité de la personne ?

7. Comment a réagi Monsieur G. quand il s'est rendu compte que l'étudiant lui avait sauvé la vie ?

8. Qu'est-ce que l'étudiant a répondu ? Pourquoi ?

9. Aurais-tu sauvé la vie de Monsieur G. si tu l'avais trouvé ?

10. Qu'est-ce que tu demanderais si Monsieur G. t'offrait n'importe quoi ?

√ Rewrite the following statements to make them true.

1. Le directeur s'appelait Monsieur Merveilleux.

2. Le directeur inventait des prix pour les étudiants.

3. L'étudiant nageait et nageait vers la personne au milieu du lac.

4. L'étudiant était anxieux, mais il s'est forcé à plonger dans le lac.

5. Mieux vaut tôt que jamais.

√ Create a sequel to Episode 2. Illustrate and write the story in the past tense.

Lecture Culturelle : L'école française

Le système éducatif français dépend du ministère de l'éducation nationale. C'est un système qui a pour but l'éducation, l'éducation étant le moyen d'assurer le développement et la formation des jeunes français. En France l'école publique est laïque, gratuite et obligatoire à partir de l'âge de 6 ans et jusqu'à l'âge de 16 ans. Le système est divisé en 4 parties : l'école maternelle, l'école élémentaire ou primaire, le collège et le lycée.

L'école maternelle scolarise les enfants dès l'âge de 3 ans (2 ans dans beaucoup de communes et surtout si la mère travaille). L'école maternelle compte 3 ou 4 divisions : la section des tout-petits (2 ans), celle des petits (3 ans), celle des moyens (4 ans) et celle des grands (5 ans). Le but de l'école maternelle est de socialiser les enfants et de les préparer à apprendre dans les niveaux supérieurs.

À 6 ans, les enfants entrent à l'école élémentaire (la "grande école"). Celle-ci compte 5 divisions : le cours préparatoire (CP), le cours élémentaire 1ère année (CE1), le cours élémentaire 2ème année (CE2), le cours moyen 1ère année (CM1), le cours moyen 2ème année (CM2). Durant ces années, le but essentiel est de donner aux enfants la maîtrise complète des bases : lecture, écriture et arithmétique. De 6 à 11 ans, les enfants apprennent aussi l'histoire, la géographie et la biologie. Il n'y a pas d'examen à la fin de l'école primaire, les enfants entrent directement au collège.

Après l'école primaire c'est le collège. Il y a 4 niveaux (ou classes) : la sixième, la cinquième, la quatrième et la troisième. Dans ces classes, les enfants continuent leurs études des bases mais à un plus haut niveau. Par exemple : ils étudient l'algèbre et la géométrie et commencent à étudier les langues. Le collège se termine par un examen, le Brevet des Collèges.

Ensuite vient le lycée, avec 3 classes : la seconde, la première et la terminale. À ce moment-là, les élèves se spécialisent. Ils suivent des filières différentes, telles que littéraire, scientifique, commerciale, technique etc. Le lycée se termine par un examen, le Baccalauréat. L'épreuve de français se passe en classe de première, les autres épreuves en classe de terminale. Le Baccalauréat est distribué par les universités.

Lecture Culturelle : Salut les copains

Salut, je m'appelle Marie-Claire. J'ai 14 ans. Je vis à Paris, la capitale de la France, dans le 16ème arrondissement, près du pont de Grenelle et de la statue de la Liberté. Je vais au collège, je suis en classe de quatrième.

Durant la semaine mes journées sont prises par mes classes. Je suis au collège de 8h30 à 11h30, puis de 13h30 à 16h30. Après le collège je rencontre ma bande de copains. Nous sommes 3 filles et 3 garçons, inséparables depuis le CM2. L'un d'eux surtout, Alain, est mon préféré. Je voudrais bien être sa petite amie...

Chapitre quatre : Le Secret de Monsieur Grincheux

Nous nous rencontrons, habituellement, dans un café non loin du collège. En arrivant, bien sûr, c'est la bise. À Paris nous en faisons deux, mais Pierre, qui est de Toulouse nous en fait trois. On prend un "pot" (une boisson), on bavarde, on se marre bien ! Et puis, hélas, nous devons nous quitter pour rentrer à la maison où les devoirs nous attendent.

Mais, les samedis et dimanches, nous les passons ensemble à aller soit à la patinoire, au cinéma, ou au concert, ou, si on est fauché (si nous n'avons pas d'argent), à simplement bavarder chez les uns ou les autres en écoutant de la musique. Dimanche, c'est l'anniversaire de Michelle. Elle va avoir 15 ans et elle organise une boum (une fête) où les parents ne sont pas invités, et où nous allons danser. J'attends ce jour avec impatience à l'idée d'être dans les bras d'Alain. Peut être aura-t-il enfin le courage de m'embrasser....

Comprends-tu ?
Answer the following questions about L'école française.

1. À quel âge les enfants peuvent-ils commencer l'école dans certaines communes ?

2. Comment s'appelle l'école où vont les enfants de 3 à 6 ans ?

3. Comment s'appelle l'école où vont les enfants de 6 à 11 ans ?

4. Est-ce qu'il y a un examen pour entrer au collège ?

5. Comment s'appelle l'examen à la fin du collège ?

6. Dans quelle école vont les enfants après le collège ?

7. Quelles sont les différentes filières que les étudiants peuvent suivre au lycée ?

8. Comment s'appelle l'examen qui termine le lycée ?

9. En quelle année passent-ils l'examen de français ?

10. L'école française est-elle payante ?

Chapitre cinq :
La Pauvre demie-sœur

Mini-conte A

est allé faire des achats

le vendeur

ne l'a pas laissé entrer

bon marché

a fait semblant

ne lui a pas prêté attention

Mini-conte B

devait travailler

était préoccupé

se ressemblaient

jouaient des tours

lui a demandé de l'aider

s'apercevait

Mini-conte C

autant d'argent que

était en solde

cher

est allé à pied

la même

celle de

Mini-conte D

se conduisait mal

donne-les-moi

ne m'ennuie pas

ne voulait pas se battre

a cassé en plusieurs morceaux

ne savait pas quoi faire

Mini-conte A

est allé faire des achats	bon marché
le vendeur	a fait semblant
ne l'a pas laissé entrer	ne lui a pas prêté attention

Il était une fois un gorille qui vivait tout au fond du Canada où il y a beaucoup de neige et où il fait très froid. Le gorille était le gorille le plus gentil et le plus sympathique de tout le Canada. Il n'était jamais de mauvaise humeur. Il saluait tout le monde. Il ne se plaignait jamais. Il n'avait pas mauvaise haleine. Mais le gorille avait quand même quelques problèmes. D'abord, il n'avait pas de poils. Un gorille sans poils, ce n'est pas du tout normal ! Les autres gorilles se moquaient de lui. Ils criaient : « Tu es chauve ! » en s'éloignant de lui. Le pauvre gorille avait honte, mais comme il était très gentil, il ne prêtait pas attention à ce qu'ils lui disaient.

Et puis le pauvre gorille était très gros aussi. Il était tellement gros que tous ses vêtements étaient trop petits pour lui, enfin, tous ses vêtements sauf sa cravate. Le gorille avait envie de maigrir, mais au lieu de maigrir, il continuait à grossir. Les autres gorilles se moquaient de lui. Ils criaient : « Tu es gros ! » en s'éloignant de lui. Le pauvre gorille avait honte, mais comme il était tellement gentil, il ne prêtait pas trop attention à ce qu'ils lui disaient. Il faisait semblant de ne pas les entendre. Et ce n'est malheureusement pas tout ! Le gorille était pauvre. Il n'avait presque pas d'argent. Il avait besoin de nouveaux vêtements parce que ses vêtements étaient trop petits. Les autres gorilles se moquaient de lui. Ils disaient : « Tu es pauvre ! » en s'éloignant de lui. Le pauvre gorille ne prêtait pas attention à ce qu'ils lui disaient parce qu'il était très gentil. Il avait très froid parce qu'il n'avait pas de poils et que ses vêtements étaient trop petits parce qu'il était trop gros.

Le gorille avait besoin de faire des achats. Il voulait acheter une nouvelle veste à la mode parce que sa veste était trop petite pour lui. Il voulait acheter une veste à la mode, mais bon marché puisqu' il était pauvre. D'abord le gorille est allé dans un magasin de vêtements très élégants. Il avait envie de faire des achats. Le gorille s'est approché du magasin et il a salué le vendeur. Le vendeur était en train de parler avec un autre vendeur. Le vendeur ne lui a pas prêté attention. Il a même fait semblant de ne pas avoir vu le gorille. Au lieu de saluer le gorille, le vendeur ne l'a pas laissé entrer parce qu'il était trop gros. Le vendeur était très antipathique. Le gorille a frappé très fort à la porte, mais au lieu d'ouvrir la porte, le vendeur a fait semblant de ne pas avoir entendu. Le gorille a crié : « Laissez-moi entrer ! J'ai besoin de faire des achats ! » Mais le vendeur était très antipathique. Il ne lui a pas prêté attention. Il n'a pas laissé entrer le gorille. Le gorille était triste, mais il ne s'est pas plaint et il est parti. Il était plus triste que d'habitude, mais il faisait semblant d'être heureux. Il s'est dit : « Ce vendeur est très antipathique ! Il ne m'a pas laissé entrer ! Il ne m'a pas prêté attention. Je vais faire des achats dans un autre magasin. J'ai besoin d'une veste bon marché »

Cette fois le gorille est allé dans un magasin pour gorilles. Le gorille s'est approché du magasin et il a salué le vendeur. Le vendeur était en train de parler au téléphone. Il était très petit et très maigre. Il était très faible. Quand le vendeur a vu le gorille, il a eu très peur. Le gorille était tellement gros que le vendeur avait peur de lui. Il a fait semblant de ne pas avoir vu le gorille. Il ne lui a pas prêté attention. Au lieu de saluer le gorille, le vendeur ne l'a pas laissé entrer et il est allé se cacher au fond du magasin. Le gorille a crié : « Laissez-moi entrer. J'ai besoin de faire des achats. J'ai besoin d'une veste bon marché, mais à la mode ! » Le vendeur a fait semblant de ne pas l'avoir entendu. Le pauvre gorille ! Il avait très froid. Le gorille est parti. Il n'a pas réussi à faire des achats dans le deuxième magasin non plus.

Le pauvre gorille ! Il avait froid. Il était désespéré. Personne ne lui prêtait attention. Tout le monde faisait semblant de ne pas le voir. Puis, tout à coup le gorille a remarqué un autre magasin. Le magasin s'appelait « Poils bon marché ». Le gorille était très content. Il s'est approché du magasin et il a salué le vendeur. Le vendeur l'a salué aussi. Il lui a prêté attention. Le gorille lui a dit : « Laissez-moi entrer, s'il vous plaît. Je veux faire des achats. J'ai besoin de poils bon marché ! » Le vendeur l'a laissé entrer. Il lui a montré des poils de girafe, mais ils n'étaient pas assez bon marché. Il lui a montré des poils d'ours, mais ils n'étaient pas assez bon marché. Enfin, le vendeur lui a montré des poils de gorille très, très beaux. Les poils que le vendeur lui a montrés étaient très bon marché. Le gorille les a achetés. Maintenant, le gorille n'avait plus froid et il était très élégant. Personne ne se moquait plus de lui. Tout est bien qui finit bien !

√ Answer the following questions about Mini-conte A. (cont'd. on next page)

1. Comment était le gorille ?

2. Pourquoi est-ce que le gorille voulait faire des achats ?

3. Est-ce que le premier vendeur a laissé le gorille entrer dans le magasin ?

4. Dans quel magasin est-ce qu'un vendeur l'a laissé entrer ?

5. Qu'est-ce qui serait un bon titre pour ce conte ?

Mini-Conte A Révision

Il y avait un garçon qui était amoureux. Il était amoureux de Paris Hilton depuis trois ans. Il rêvait d'impressionner Paris Hilton. Il rêvait de l'inviter au cinéma. Dans ses rêves, il saluait Paris Hilton. Il s'approchait d'elle et il lui disait : « Salut, Paris ! As-tu envie d'aller à Paris avec moi ? J'ai deux billets d'avion ! » Dans ses rêves, Paris Hilton répondait : « Sans blague ! Oui, j'irai avec toi. Tes vêtements sont très à la mode ! » Mais ce n'était qu'un rêve parce que, malheureusement, le garçon était très pauvre. Jour après jour, le garçon écrivait des lettres à Paris Hilton, mais elle ne lui prêtait pas attention. Jour après jour, il lui téléphonait, mais elle ne lui prêtait pas attention. Le garçon était désespéré. Il ne pouvait pas dormir.

Le garçon rêvait de devenir vendeur dans un magasin élégant. Il rêvait de devenir riche. Il rêvait de faire des achats dans d'élégants magasins. Il rêvait de jeter ses vêtements moches et bon marché à la poubelle. Il rêvait d'acheter des vêtements chics à la mode. Il rêvait d'impressionner Paris Hilton avec ses achats.

Donc, le garçon est allé dans un magasin chic, cher et élégant. Le vendeur l'a laissé entrer et il a fait semblant d'être riche. Il a fait semblant de vouloir faire des achats dans le magasin. Puis, le garçon a dit : « Je voudrais devenir vendeur dans votre magasin ! » Au lieu de se fâcher, le vendeur lui a dit : « Ça tombe bien ! J'ai justement besoin d'un autre vendeur. Etes-vous prêt à commencer aujourd'hui ? » Le garçon est devenu fou de joie. Il a répondu : « Sans blague ? Oui, je suis prêt. Je peux commencer tout de suite ! »

Le garçon était en train de travailler au fond du magasin quand Bill Gates est entré dans le magasin… avec Paris Hilton ! Le garçon était tellement étonné qu'il s'est presque évanoui ! Ses yeux se sont remplis de larmes. Il s'est approché d'eux et il les a salués : « Bonjour ! Je suis le vendeur. Vous désirez ? Puis-je vous aider à faire des achats ? » Bill Gates a répondu : « Oui. Je suis pressé. Je voudrais faire des achats. Je voudrais acheter cinq nouveaux costumes, quinze chemises et vingt-trois cravates. » Le vendeur voulait apporter les vêtements aussi vite que possible, et il a couru chercher les vêtements. Le vendeur lui a apporté des vêtements très chers et à la mode. Les vêtements n'étaient pas du tout bon marché. Bill a acheté tous les vêtements. Il a laissé ses vieux vêtements dans la poubelle. Il a quitté le magasin avec Paris Hilton. Ils sont montés dans sa voiture. La voiture a démarré et ils sont partis.

Le vendeur s'est approché de la poubelle. Il a pris les vieux vêtements de Bill Gates. Les vêtements étaient très chers et à la mode. Il s'est habillé des vieux vêtements de Bill Gates. Il a quitté le magasin et il a téléphoné à Nicole Ritchie.

√ **Write five questions pertaining to Mini-conte A Révision, then have a partner answer them.**

1._____

2._____

3._____

4._____

5._____

Lecture Culturelle : Les grands magasins

Si tu vas à Paris et que tu veux faire des achats, où est-ce que tu dois aller ? Et bien, Paris est célèbre pour ses petites boutiques. Ces boutiques vendent des produits spécialisés souvent très chers. Mais dans les boutiques il n'y a pas beaucoup de choix. Il y a aussi de grand couturiers comme Yves Saint-Laurent, Chanel et Dior qui sont connus dans le monde entier pour leurs vêtements chers et à la mode.

Mais tu peux faire des achats dans « les grands magasins » aussi. Dans les grands magasins, il y a de très grandes surfaces sur plusieurs étages et on peut acheter toutes sortes de choses dans le même magasin. C'est très pratique. Et puis, dans les grands magasins, les produits sont souvent en soldes.

Les grands magasins sont nés au 19ème siècle. Le premier grand magasin s'appelait "Le Bon Marché." Le magasin qui s'appelle "Les Galeries Lafayette" est connu pour sa voûte « Belle Epoque » et ses vitrines de Noël. Le Printemps est un grand magasin moderne. Il organise aussi de nombreuses expositions thématiques. La Samaritaine se trouve en face de la Seine. Ce magasin reçoit son nom d'une statue d'uN « Bon Samaritain » sur un bas-relief célèbre près du Pont-Neuf. La Samaritaine est un magasin de style Art Nouveau et Art Déco. Le BHV (Bazar de l'Hôtel de Ville) se spécialise dans l'habitat et propose gratuitement des cours de bricolage ou de décoration. Les touristes aiment autant visiter les grands magasins que les monuments de Paris.

Mini-conte B

devait travailler	était préoccupé
se ressemblaient	jouaient des tours
lui a demandé de l'aider	s'apercevait

 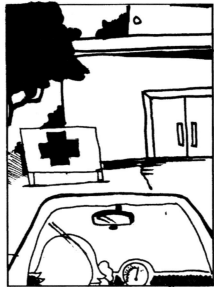 

Il y avait deux sœurs jumelles qui s'appelaient Josette et Sylvie. Elles se ressemblaient physiquement. Elles se ressemblaient comme deux gouttes d'eau, mais elles avaient des personnalités tout à fait différentes. Josette était très agile et élégante et travaillait comme mannequin à Aéropostale. Sylvie ressemblait exactement à Josette, mais elle n'était pas du tout agile. En fait, elle était très maladroite, trébuchant et tombant toujours à l'hôpital où elle travaillait comme infirmière. Elle aimait beaucoup aider les malades. Personne ne s'apercevait du tout des différences parce que les deux filles se ressemblaient tellement que les gens aimaient les regarder en disant : « Ces jumelles se ressemblent comme deux gouttes d'eau ! C'est extraordinaire ! Je parie qu'elles jouent souvent des tours ! »

Bien sûr qu'elles jouaient des tours ! Quand elles étaient jeunes, elles jouaient souvent des tours parce qu'elles se ressemblaient tellement. Les gens ne s'apercevaient jamais qu'elles jouaient des tours, même leur maman ne s'en apercevait pas ! Quand leur mère demandait à Josette de l'aider à ranger sa chambre, c'était souvent Sylvie qui devait travailler dans la maison au lieu de Josette. Quand le professeur demandait à Sylvie de l'aider en classe, elles jouaient des tours, et c'était Josette qui aidait le prof. Les filles voulaient tellement jouer des tours quand elles devaient travailler que les gens ne s'apercevaient pas des tours qu'elles jouaient !

Un jour, Josette était préoccupée parce qu'elle devait travailler comme mannequin à Aéropostale, et quand elle s'est regardée dans le miroir le matin, elle s'est aperçue qu' elle avait un gros bouton sur le nez ! Quelle horreur ! Elle devait travailler comme mannequin pour les chemises d'Aéropostale dans un grand défilé très important, mais avec ce gros bouton, on ne s'apercevrait pas qu'elle était belle. Que faire ?

Elle était si préoccupée qu'elle n'a pas aperçu sa sœur jumelle Sylvie, qui venait d'entrer dans sa chambre. Sylvie était préoccupée parce qu'elle devait travailler à l'hôpital. Elle devait travailler dans trente minutes, mais elle n'était pas prête. Josette était préoccupée parce qu'elle devait être dans le défilé de mannequins dans trente minutes aussi, mais elle avait cet énorme bouton sur le nez ! Tout à coup, les deux sœurs jumelles ont eu la même idée : pourquoi ne pas jouer un tour ? Josette pourrait travailler à l'hôpital comme infirmière et personne ne s'apercevrait du tour qu'elle jouait parce que les sœurs jumelles se ressemblaient comme deux gouttes d'eau. Sylvie pourrait travailler comme mannequin, et personne ne s'apercevrait du tour qu'elle jouait parce que les sœurs jumelles se ressemblaient comme deux gouttes d'eau. Donc, Josette a demandé à Sylvie de l'aider à jouer un tour, et Sylvie a demandé à Josette de l'aider à jouer un tour aussi.

Mais elles voulaient tant jouer un tour qu'elles n'ont pas réfléchi au fait que Josette ne savait pas être infirmière et que Sylvie était très maladroite et ne savait pas être mannequin. Elles étaient si préoccupées, comme elles devaient travailler dans trente minutes, qu'elles sont parties très vite sans s'apercevoir qu'elles n'avaient pas préparé leur tour. Que faire ?

Quand Josette est arrivée à l'hôpital, tout le monde était heureux de la voir parce que Sylvie était bonne infirmière. Les médecins étaient tellement préoccupés de guérir les malades qu'ils ne se sont pas aperçus que ce n'était pas Sylvie, mais Josette qui jouait un tour. Mais quand une petite fille malade a aperçu Josette, elle lui a demandé de l'aider. Elle lui a dit : « Mademoiselle avec le gros bouton sur le nez, pourriez-vous m'aider ? J'ai confiance en vous parce que vous n'êtes pas orgueilleuse ! » Et une autre infirmière lui a demandé si elle avait besoin d'aide avec ce bouton. Elle avait un instrument pour le percer. Josette l'a remerciée, mais maintenant, elle n'était plus préoccupée par son bouton. Elle était heureuse d'aider les malades, mais elle n'était pas vraiment infirmière. Que faire ?

Quand Sylvie est arrivée au défilé pour jouer son tour, elle était très nerveuse parce qu'elle devait travailler pour Josette. Elle était tellement maladroite qu'elle avait peur de trébucher et tomber dans le défilé de mode. Elle voulait aider sa sœur jumelle à jouer ce tour, mais elle craignait de tomber sur la piste. Elle devait travailler pour Aéropostale et elle a remarqué que les autres mannequins ne trébuchaient pas et ne tombaient pas non plus. Un mannequin lui a demandé de l'aider avec son maquillage. Elle ne savait pas que Sylvie jouait un tour. Comme Sylvie devait travailler, elle a mis un t-shirt très chic et une jupe en soie. Elle devait porter des **chaussures à talon aiguille***. Elle avait peur que tout le monde s'aperçoive qu'elle était maladroite, qu'elle n'était pas Josette, et qu'elle jouait un tour. Que faire ?

*stilettos

97

Alors, Sylvie est montée sur la piste avec ses vêtements chics, mais comme elle était tellement maladroite, elle ne marchait pas tout droit comme les autres mannequins, elle marchait normalement. Mais avec ses chaussures à talon aiguille, elle avait du mal à marcher ! Elle a trébuché, et quelle horreur ! Elle est tombée sur un des juges ! Quand elle lui a demandé de l'aider à se relever, le juge lui a dit : « Mademoiselle, vous êtes une fille normale. Les autres mannequins ne sont pas comme les personnes qui aiment nos vêtements, elles sont trop bizarres. Voudriez-vous bien travailler à plein temps pour Aéropostale ? Nous vous payerons un plus gros salaire que le salaire normal, le plus gros salaire possible ! »

Le médecin ne savait pas que Sylvie et Josette jouaient des tours, l'infirmière ne savait pas que Sylvie et Josette jouaient des tours quand elle a demandé à Josette de l'aider, et le mannequin ne savait pas que Sylvie et Josette jouaient des tours quand elle a demandé à Sylvie de l'aider, mais maintenant, Josette n'est plus aussi orgueilleuse qu'avant et Josette n'est plus aussi maladroite. Elles ne jouent plus de tours. Elles sont heureuses. Tout est bien qui finit bien ! Mais que faire maintenant ?

Activité A

1. Quelle sœur préfères-tu ? Pourquoi ?

2. Si tu pouvais être l'une des sœurs, laquelle choisirais-tu d'être ? Pourquoi ?

Activité B

√ Ecris la suite de l'histoire des deux sœurs.
- Sylvie devient un super mannequin normal ?
- Josette devient un médecin célèbre et gagne le Prix Nobel ?
- Les sœurs jumelles continuent de jouer des tours ?
- Le bouton de Josette éclate ?
- Elles retrouvent leur vie normale ?

_____

_____

_____

_____

_____

_____

_____

_____

_____

_____

_____

_____

_____

_____

_____

_____

_____

_____

_____

Lecture Culturelle : L'Impressionnisme

Pendant la deuxième partie du 19ème siècle, un groupe d'artistes a réagi au style réaliste. Au lieu de peindre des scènes telles qu'elles étaient, les impressionnistes ont essayé de représenter des sensations visuelles et de montrer l'effet de la lumière sur leurs sujets. Ils ont essayé de donner "l'impression" sans les détails, ce qui faisait vibrer les couleurs. La lumière est la clé essentielle de leurs œuvres.

Edouard Manet, maître du naturalisme, est un des fondateurs du mouvement impressionniste. Il aimait travailler en plein air. Pierre Auguste Renoir est connu pour ses portraits de femmes et de jeunes filles dans leurs activités quotidiennes. Edgar Degas était fasciné par la forme et le mouvement. Il est célèbre pour ses tableaux de danseuses de l'Opéra. Claude Monet était un paysagiste. Il aimait peindre le même sujet à des heures différentes de la journée pour qu'on se rende compte de l'effet de la lumière. Si vous voulez admirer tous ces chefs-d'œuvre de l'art impressionniste, vous pouvez vous rendre à n'importe quel musée du monde, mais si vous vous trouvez à Paris un de ces jours, rendez-vous au Musée d'Orsay pour admirer la meilleure collection d'art impressionniste du monde, seulement n'oubliez pas le Louvre !

Mini-conte C

autant d'argent que	est allé à pied
était en solde	la même
cher	celle de

Il était une fois deux jeunes garçons pauvres. Les garçons avaient deux motos moches. Leurs motos étaient très vieilles. Ils les avaient achetées en solde. Leurs motos étaient en panne depuis huit mois. Au lieu d'aller à l'école à moto, les deux garçons devaient aller à l'école à pied.

Ils étaient toujours en retard. Les garçons avaient honte parce qu'ils devaient aller partout à pied. Leurs amis allaient partout à moto. Leurs amis les saluaient quand ils les dépassaient et ils leur criaient : « Pourquoi êtes-vous à pied ? » Mais les deux garçons n'avaient pas autant d'argent que leurs amis et au lieu d'aller partout à moto, ils devaient aller partout à pied.

Comme que leurs motos étaient tombées en panne, les deux garçons avaient envie d'acheter de nouvelles motos. Ils ne voulaient plus aller à l'école à pied. Ils n'avaient pas envie d'acheter des motos en solde. Non ! Ils avaient envie d'acheter des motos chères. Ils voulaient acheter la même moto que Bill Gates, mais ils n'avaient pas autant d'argent que lui. Ils n'avaient pas autant d'argent que la femme de Bill Gates. Ils n'avaient même pas autant d'argent que le chien de Bill Gates non plus ! Donc, les deux garçons sont allés à pied chez Bill Gates et ils ont regardé sa moto. Sa moto était très belle. Leurs motos étaient en panne, mais celle de Bill Gates démarrait sans problème. Leurs motos étaient bon marché mais celle de Bill Gates était très chère. Les deux garçons auraient voulu acheter la même moto que Bill Gates, mais évidemment, ils n'avaient pas autant d'argent que lui. Ils n'avaient pas autant d'argent que la femme de Bill Gates. Ils n'avaient même pas autant d'argent que le chien de Bill Gates non plus !

Un des garçons a eu une idée. Comme il n'avait pas autant d'argent que Bill Gates pour acheter la même moto que la sienne, il est allé à pied en disant : « Vroom, vroom ! » Il faisait semblant de conduire une moto. Il a dit : « Ma moto est la même que celle de Bill Gates. Ma moto n'est pas bon marché. Ma moto est aussi chère que celle de Bill Gates ! J'ai autant d'argent que lui ! » Il est allé à l'école, mais il est arrivé en retard. L'autre garçon s'est moqué du premier garçon. Il lui a dit : « Ce n'est pas du tout la même moto que celle de Bill Gates. Tu n'as pas autant d'argent que lui. Tu fais semblant de conduire ! »

L'autre garçon ne voulait pas faire semblant de conduire une moto. Donc, il est allé à pied chez Suzuki à Paris. Le vendeur l'a laissé entrer. Le garçon lui a dit : « Avez-vous des motos en solde ? Je ne veux pas de moto chère. Montrez-moi toutes les motos en solde ! » Le vendeur était très sympathique. Il a répondu : « Nous avons plusieurs motos en solde. » Le garçon n'a pas pu acheter la même moto que celle de Bill Gates parce qu'il n'avait pas autant d'argent que lui. La moto de Bill Gates était rouge. Celle du garçon était noire. La moto de Bill Gates avait des **pneus**[1] chers. Celle du garçon avait des pneus bon marché. La moto de Bill Gates était neuve. Celle du garçon était très vieille. La moto était en solde pour quinze euros. La moto n'était pas la même moto que celle de Bill Gates, mais la moto n'était pas en panne. Le garçon est monté sur la moto. Il a mis son casque. La moto a démarré. Il a dépassé l'autre garçon qui était en train de dire : « Vroom, vroom ! » Le deuxième garçon est arrivé à l'école à l'heure.

[1]tires

√ Answer the following questions about Mini-conte C

1. Qu'est-ce que les deux garçons voulaient ?

2. Où est-ce qu'ils sont allés pour regarder la moto ?

3. Pourquoi ne pouvaient-ils pas acheter la même moto que Bill Gates ?

4. Qu'est-ce que les deux garçons ont fait au lieu d'acheter la même moto ?

5. À ton avis, quel genre de moto Bill Gates avait-il ? Combien coûtait-elle ?

Questions personnelles

1. Sais-tu conduire ?

2. As-tu une moto ?

3. Quelle moto voudrais-tu avoir ?

4. Est-ce que tu respectes la limite de vitesse ?

5. Est-ce que tu mets toujours ta ceinture de sécurité ?

6. Est-ce que tu as autant d'argent que Bill Gates ?

<u>Mini-conte C Révision</u>

√ **Illustrate a complete version of Mini-conte C by filling in the gaps in the story. Then write the entire story in your own words on a separate piece of paper.**

Mini-Conte C - Révision 2

Il y avait un garçon pauvre qui n'avait pas de voiture. Il allait partout à pied. Le garçon voulait impressionner sa petite amie. Il voulait acheter la même voiture que celle de Bill Gates. Il est allé à pied chez Bill Gates et il a regardé ses voitures. Bill Gates avait 50 voitures très chères. Malheureusement, le garçon n'avait pas autant d'argent que Bill Gates. Le garçon était en train de regarder les voitures quand Bill Gates est sorti de sa maison. Bill était très pressé. Il était en retard pour une réunion. Malheureusement, Bill s'était cassé les deux jambes et il ne pouvait pas conduire avec ses plâtres. Bill a crié : « Où est mon chauffeur ? » Mais le chauffeur était enrhumé. Il ne pouvait pas conduire.

Bill était désespéré. Il a vu le garçon et il l'a salué. Il s'est approché du garçon et il l'a supplié : « Jeune homme, quel âge as-tu ? Peux-tu conduire ? Si tu me conduis à ma réunion, je te donnerai ma voiture. » Le garçon est devenu fou de joie. Il a répondu : « Vraiment ? Sans blague ! » Ils sont montés dans la voiture et Bill Gates a dit : « Allons-y !» La voiture a démarré et le garçon a amené Bill Gates à sa réunion. Bill Gates lui a donné sa voiture et le lendemain le garçon n'est pas allé à l'école à pied. Au lieu d'aller à l'école à pied, il est allé à l'école dans la voiture qui avait appartenu à Bill Gates, mais qui maintenant lui appartenait !

√ Vrai ou Faux ?

1. _____ Le garçon avait autant d'argent que Bill Gates.

2. _____ Le garçon allait partout à pied.

3. _____ Les voitures de Bill Gates étaient en solde.

4. _____ Bill Gates avait les deux jambes cassées.

5. _____ Le chauffeur de Bill Gates était en vacances.

6. _____ Bill Gates a donné sa voiture au garçon.

Lecture Culturelle : Les motos

As-tu ta propre moto ? En France les motos sont très pratiques. Pourquoi ? D'abord, parce que les voitures sont chères. Les voitures sont tellement chères qu'au lieu d'acheter une voiture, les jeunes Français achètent souvent des vélomoteurs, des mobylettes ou des motos. De plus, on peut conduire une moto quand on a seize ans.

Il y a beaucoup de circulation à Paris. Quand on est pressé, il est plus facile d'éviter les embouteillages avec une moto. Et puis, le stationnement est difficile dans les grandes villes. Il n'est pas facile de trouver des places pour garer les voitures, alors les vélomoteurs et les motos sont de rigueur ! Les Français se plaignent parce que l'essence n'est pas bon marché en France. Donc, les vélomoteurs et les motos sont plus économiques aussi. Quand on roule sur un deux-roues à moteur, il faut porter un casque si on veut éviter des blessures en cas d'accident. Le port du casque est du reste obligatoire car il peut sauver la vie en cas d'accident.

Mini-conte D

se conduisait mal	ne voulait pas se battre / se disputer
donne-les-moi	A cassé en plusieurs morceaux
ne m'ennuie pas	ne savait pas quoi faire

Il y avait un garçon coquin qui s'appelait Malin. Malin se conduisait très mal dans tous ses cours et aussi à la maison. Il se conduisait mal chez lui, et il disait toujours à sa maman : « Je veux ces biscuits. Donne-les-moi. » Sa maman ne voulait pas se disputer avec Malin, même s'il se conduisait mal, donc elle lui disait : « Prends les biscuits et ne m'ennuie pas. » Elle ne savait pas quoi faire. Et aussitôt que possible, Malin les cassait en petits morceaux ! Quand il voulait les outils de son père, il se conduisait mal et il lui disait : « Je veux ces outils. Donne-les-moi ! » Et son papa ne voulait pas se disputer avec Malin, même s'il se conduisait mal, donc il lui disait : « Prends les outils et ne m'ennuie pas. » Mais aussitôt que possible, il les cassait en plusieurs morceaux. Son papa ne savait pas quoi faire non plus. Ses parents étaient désespérés !

À l'école, c'était toujours la même chose. Dans tous ses cours, il se conduisait mal. Les profs ne savaient pas quoi faire avec Malin. En cours de dessin, Malin s'est approché d'un garçon qui s'appelait BonGars, et lui a dit : « Tu as plusieurs crayons de couleur sur ta table. Donne-les-moi ! Je les veux ! » BonGars ne voulait pas se battre avec Malin, il lui a donné les crayons. Quand un garçon comme Malin s'approche de nous et nous dit : « Donne-les-moi », c'est presqu'impossible de ne pas lui prêter attention ! Mais aussitôt qu'il les lui a donnés, Malin les a cassés en plusieurs morceaux. Il se conduisait toujours très mal. BonGars ne voulait pas se battre avec Malin parce que Malin s'entraînait pour l'équipe de foot et il était très fort. Il s'est approché du prof, M. Aveugle, pour l'avertir que Malin se conduisait mal, mais M. Aveugle lui a dit : « Ne m'ennuie pas, s'il te plaît ! » M. Aveugle ne savait pas quoi faire. Il ne lui prêtait pas attention, d'où son nom ! Il ne voulait pas se disputer avec Malin non plus.

En cours de maths, Malin s'est approché d'une fille qui s'appelait Ange, et comme d'habitude, il se conduisait mal. Il lui a dit : « Tu as des règles sur ton pupitre. Donne-les-moi ! Je les veux ! » Ange ne voulait pas se disputer avec Malin qui se conduisait mal parce qu'elle avait un peu peur de lui. Alors, elle lui a donné les règles, et aussitôt qu'elle les lui a données, il les a cassées en petits morceaux. Il se conduisait très mal ! Ange s'est approchée du prof, Mme VoitRien, et elle lui a dit que Malin se conduisait mal. Mais Mme VoitRien ne voulait pas se disputer avec Malin, et alors elle a dit à Ange : « Ne m'ennuie pas, s'il te plaît ! » Elle ne lui a plus prêté attention. Elle non plus, elle ne savait pas quoi faire.

En cours de sciences, Malin s'est approché d'un garçon appelé Génie. Malin se conduisait toujours mal et lui a dit : « Tu as des flacons sur ta table. Donne-les-moi ! » Génie ne voulait pas se battre avec Malin qui se conduisait mal parce que lui aussi, il avait un peu peur de lui. Génie lui a donc donné les flacons, et aussitôt qu'il les lui a donnés, Malin les a cassés en petits morceaux. Il se conduisait très, très mal ! Génie s'est approché du prof, Mlle YeuxFermés, et il lui a dit que Malin se conduisait mal. Mais Mlle YeuxFermés ne voulait pas se disputer avec Malin, et alors elle a dit à Génie : « Ne m'ennuie pas ! » Elle ne lui a plus prêté attention. Elle ne savait pas quoi faire non plus !

Tous les profs étaient désespérés. Ils ne savaient plus quoi faire de Malin. Tout le monde avait peur de lui, ils ne voulaient pas se disputer ou se battre avec lui, et personne ne savait que faire. Mais le proviseur, qui s'appelait M. Savant, n'avait pas peur de Malin. Avant d'être proviseur, il avait été l'entraîneur d'Oscar de la Hoya. Il savait se battre, mais il ne voulait pas se battre avec Malin. Après tout, c'était le proviseur ! Alors, il a dit à Malin : « Tu as les clefs de ta voiture ? Donne-les-moi ! Tu as ton ordinateur ? Donne-le-moi ! Si tu continues à te conduire mal, je vais casser ta voiture et ton ordinateur en petits morceaux ! Comprends-tu ? » Malin avait peur de M. Savant, qui autrefois avait été l'entraîneur d'Oscar de la Hoya, et il ne voulait pas se battre avec lui. Il lui a dit : « D'accord, Monsieur. Je vais changer mon attitude et je vais me conduire comme un garçon sage. » Tout est bien qui finit bien !

Activité

√ **Write five questions about Mini-conte D.**

1.

2.

3.

4.

5.

Questions personnelles

1. Est-ce qu'il y a des étudiants comme Malin dans ton lycée ? Qu'est-ce qu'ils font de mal ?

2. Est-ce que ton proviseur est sévère, ou est-ce qu'il ne prête pas attention aux étudiants qui se conduisent mal ?

3. Est-ce que les étudiants ont peur des personnes malignes ? Comment se comportent-ils envers elles ?

4. Quelles sont les punitions pour les étudiants qui se conduisent mal ?

5. Est-ce que tu es déjà allé au bureau du proviseur ? Si oui, pourquoi ?

Lecture Culturelle : Le système d'éducation français

Le système d'éducation français exige beaucoup des étudiants. Les Français prennent l'éducation au sérieux ; c'est à dire, on pense à l'enseignement comme une profession et on y prête beaucoup d'attention. L'éducation secondaire commence à l'âge de onze ans, dans un collège, ce qu'on appelle « middle school » aux États-Unis. Tous les élèves français suivent les mêmes cours, emploient les mêmes livres et passent les mêmes examens. On reste au collège pendant quatre ans, et à la fin, on passe un examen qui s'appelle « le brevet des collèges ».

Après le collège, les élèves choisissent un de deux cycles, le cycle long (trois ans), au lycée (« high school » aux États-Unis), pour ceux qui pensent à l'université, ou le cycle court (deux ans) pour les cours techniques. La journée est longue, quelquefois dix heures, et ils doivent travailler sérieusement. À la fin du lycée, en terminale, les étudiants se préparent pour le baccalauréat (le bac), un examen épuisant. S'ils ne réussissent pas la première fois, ils doivent passer un an de plus à étudier. S'ils échouent la deuxième fois, ils ne peuvent pas entrer à l'université.

La plupart des étudiants passent beaucoup de temps à leurs études. Quelques cours ont lieu le samedi matin, et de plus, il y a beaucoup de travail en dehors des cours. Penses-tu que tous les élèves s'intéressent aux études ? Ou ressemblent-ils plutôt aux étudiants américains ? Aimeriez-vous un tel système ?

√ **Write a sequel to Mini-conte D.**

Episode 1
La Pauvre demie-soeur

Episode 1

La Pauvre demie-soeur

Lili, une fille de quinze ans, vivait avec son père, sa belle-mère et sa demie-sœur qui s'appelait Irène. Lili était très sympathique et jolie, mais elle devait beaucoup travailler à la maison car sa belle-mère était très méchante. Sa belle-mère faisait semblant d'aimer Lili, mais elle se conduisait très mal envers Lili. Irène était très bête et très laide. Elle avait toujours un énorme bouton sur le nez. Elle faisait semblant d'aimer Lili, mais elle riait toujours et se moquait d'elle quand Lili devait nettoyer la maison.

Dans deux semaines, leur école allait avoir un grand bal. Les deux filles avaient envie d'y aller. Lili et Irène ont demandé de l'argent à la belle-mère parce qu'elles voulaient acheter de jolies robes élégantes. La belle-mère leur a donné de l'argent, mais elle n'a pas donné autant d'argent à Lili qu'à Irène. Elle a donné 500 euros à Irène et seulement 15 à Lili.

Elles sont allées faire des achats. Irène a conduit sa voiture, mais Lili est allée à pied car Irène ne la laissait jamais monter dans sa voiture. Quand Irène est arrivée au magasin de vêtements, elle s'est très mal conduite. Elle a pris douze robes très chères et les a regardées. Elles ne lui plaisaient pas, alors, elle les a jetées par terre. Finalement, elle en a trouvé une qui lui plaisait mais elle ne lui allait pas bien. Elle était trop petite. Elle l'a pourtant essayée et l'a déchirée en deux. La vendeuse était très préoccupée. Elle a couru vers Irène et elle lui a demandé : « En quoi puis-je vous aider, mademoiselle ? » Irène s'est fâchée et a crié : « Ne m'ennuyez pas ! » La vendeuse a vu la robe déchirée et a dit : « On dirait qu'elle ne vous va pas bien. » Irène ne lui a pas prêté attention et est allée dans un autre magasin.

Finalement Lili est arrivée au magasin de vêtements. Elle a vu la vendeuse qui tenait une robe déchirée en deux. Puisque la robe était déchirée, elle était en solde. Lili a acheté la robe pour un euro. Elle n'avait pas autant d'argent qu'Irène et elle pensait qu'elle pourrait l'arranger. Puis elle est allée dans un magasin de chaussures. Elle avait besoin de chaussures qui iraient avec la robe. Lili a cherché et trouvé des chaussures très à la mode qui allaient bien avec sa nouvelle robe. Elle les a essayées. Irène a vu les chaussures et les a voulues. Irène a fait semblant d'avoir déjà essayé les chaussures et elle a crié : « Donne-les-moi ! » Lili ne voulait pas se disputer, alors elle a donné les chaussures à son horrible demi-sœur. Dans un coin, Lili a vu des chaussures qui étaient en solde et elle les a essayées. Elles étaient très élégantes et allaient bien avec la robe. Elles étaient beaucoup moins chères que celles d'Irène. Elles étaient un peu grandes, mais elle les a achetées quand même.

√ Use the following vocabulary to fill in the following Venn diagram comparing and contrasting Irène et Lili.

sympathique	jolie	a dû travailler
antipathique	bête	voulait une robe élégante
s'est très mal conduite	a beaucoup crié	a payé un euro pour une robe
a conduit une auto	est allée à pied	n'a pas autant d'argent
vivait avec sa maman	laide	avait envie d'aller au bal

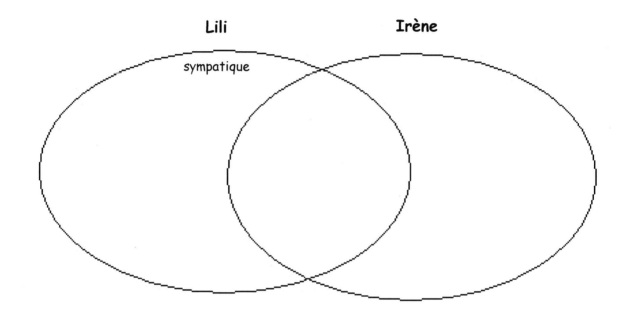

Lili   Irène

sympatique

√ Answer the following questions about Episode 1.

1. À quel film de Disney ressemble cette histoire ?   En quoi les histoires sont-elles différentes ?

2. Combien d'argent la belle-mère a-t-elle donné de plus à Irène ?

3. De quelle manière Irène s'est-elle mal conduite dans le magasin ?

4. Pour quelle raison Lili a-t-elle acheté les chaussures ?
   Pour le prix ? Pour le style ?   Parce qu'elles lui allaient bien ?

5. Réfléchis... Pourquoi est-ce que le père de Lili ne l'a pas aidée ?

√ **Fill in the blanks to rewrite Episode 1 as if there were 2 demies-soeurs. Convert the following verbs to the third person plural, past tense and then use them in the story. (Some may be used twice.)**

était -	ne lui a pas -	a conduit -
a ri -	avait envie -	est allé(e) -
est arrivé(e) -	a déchiré -	a demandé -
a trouvé -	a vu -	a crié -

Lili, une fille de quinze ans, vivait avec son père, sa belle-mère, et ses demies-soeurs qui s'appelaient Irène et Marthe. Lili était très sympathique et jolie mais elle devait beaucoup travailler dans la maison car sa belle-mère était très méchante. Irène et Marthe (1) _____ très antipathiques, bêtes et laides et avaient d'énormes boutons sur le nez. Elles (2) _____ toujours quand Lili devait nettoyer la maison.

Dans deux semaines, l'école de Lili, Irène et Marthe allait avoir un grand bal. Les trois filles (3) _____ d'aller au bal. Lili, Irène et Marthe (4)_____ de l'argent à la belle-mère parce qu'elles voulaient acheter des robes élégantes. La belle-mère leur a donné de l'argent, mais elle n'a pas donné à Lili autant d'argent qu'à Irène et Marthe. À Irène et Marthe, elle a donné 500 euros et seulement 15 à Lili. Elles (5) _____ _____ faire des achats. Irène et Marthe (6) _____ _____ leur propre voiture mais Lili y est allée à pied parce que ses demies-soeurs ne la laissaient jamais monter dans leurs voitures.

Quand Irène et Marthe (7) _____ _____ au magasin de vêtements, elles se sont très mal conduites. Elles ont pris douze robes très chères et les ont regardées. Elles ne leur plaisaient pas, alors elles les ont jetées. Finalement elles en (8)_____ _____ qui leur plaisaient mais qui ne leur allaient pas bien. Elles étaient trop petites. Cependant, elles les ont essayées et les (9) _____ _____ en deux morceaux. La vendeuse était très préoccupée. Elle a couru vers elles et leur a demandé : « En quoi puis-je vous aider, mesdemoiselles ?» Elles se sont fâchées et ont crié : « Ne nous ennuie pas ! » La vendeuse a vu les robes déchirées et a dit : « On dirait qu'elles ne vous vont pas bien. » Elles (10) _____ _____ _____ _____ prêté attention et sont allées dans un autre magasin.

Finalement, Lili est arrivée au magasin de vêtements. Elle a vu la vendeuse qui tenait des robes déchirées en deux morceaux. Lili en a acheté une pour un euro. Elle pensait qu'elle pourrait l'arranger. Puis elle est allée dans un magasin de chaussures. Elle avait besoin de chaussures pour aller avec la robe. Lili a cherché et a trouvé des chaussures très à la mode et qui allaient bien avec sa nouvelle robe. Elle les a essayées. Les demies-soeurs (11) _____ _____ les chaussures et les (12) _____ _____. Elles (13) _____ _____ : « Donne-les-nous ! » Lili ne voulait pas se battre, alors elle a donné les chaussures à ses antipathiques demies-soeurs. Dans un coin, Lili a vu des chaussures qui étaient en solde et elle les a essayées. Elles étaient très élégantes et allaient bien avec la robe. Elles étaient un peu grandes, mais elle les a achetées car elles n'étaient pas chères.

Lecture Culturelle
4 des plus grands couturiers français

Paris est le centre du monde de la haute couture où chaque année ont lieu des défilés de mode auxquels assiste la jet-set du monde entier. Les 4 plus grands couturiers de France sont sans conteste : Coco Chanel (1883-1971), Christian Dior (1905-1957), Yves Saint Laurent et Jean-Paul Gaultier.

Coco Chanel est née à Saumur. Son père était inconnu et elle s'appelait Gabrielle Chanel. Elle a perdu sa mère à un très jeune âge. Coco Chanel a été la première couturière à lancer la mode des cheveux courts et des faux bijoux. Elle a aussi été la première à faire porter le pantalon aux femmes et elle a créé le fameux tailleur Chanel, mondialement copié.

Christian Dior est né en 1905 en Normandie . À son retour de la 2ème guerre mondiale, il est entré chez un célèbre couturier, Lucien Le Long, et a dessiné les futures collections pendant plusieurs saisons. En 1946, il a fondé sa propre maison de couture au 30 avenue Montaigne à Paris. En 1947, il a présenté sa première collection. Il a inventé le style "New Look", épaules arrondies, taille fine avec jupe ample en forme de corolle. Il a reçu l'oscar de la mode aux États-Unis. Il a créé des parfums et a été le premier couturier à donner son nom à une marque.

Yves Saint Laurent est né en 1936 à Oran en Algérie. Il dessinait des costumes pour le cinéma et le théâtre. Il s'est installé à Paris et a gagné le concours du Secrétaire International de la laine. En 1955, il a débuté comme assistant modéliste chez Christian Dior. Puis en 1958, il a présenté sa première collection et a remporté sa première victoire. Il a créé le prêt-à-porter de luxe dans ses boutiques. Il a fait porter le Smoking, les capes et les chemises de soie aux femmes. Il vient juste de prendre sa retraite après avoir habillé pendant des années les femmes les plus célèbres.

Jean-Paul Gaultier est né le 24 avril 1952 à Arcueil dans la banlieue Parisienne. Il a été élevé par sa grand-mère et très tôt s'est intéressé à la couture. Il porte le surnom de "l'enfant terrible" de la mode française. Après avoir travaillé pour de grands couturiers comme Cardin, Estérel, et Patou, il a ouvert sa propre maison de couture. Il a inventé la robe corset et a présenté sa première collection Homme en 1983. En 1985, il a créé la collection "garde-robe pour deux" et a créé la jupe pour homme.

Qu'as-tu appris sur les 4 couturiers francais ?

√ Answer questions 1-10 on pages 113 and 114.

1. Quel est le vrai nom de Coco Chanel ?

2. Quelles sont les modes qui ont été lancées par Coco Chanel ?

3. À quel âge est-ce que Coco Chanel est morte ?

4. As-tu déjà entendu parler de Christian Dior ?

5. Où est sa maison de couture ?

6. Quel style a été créé par Christian Dior ?

7. Dans quel pays Yves Saint Laurent est-il né ?

8. Donne-nous le nom d'une des créations d'Yves Saint-Laurent.

9. Où et à quelle date est né Jean-Paul Gaultier ?

10. Quel est le surnom de Jean-Paul Gaultier ?

Notes :

Chapitre six :
Oh, les soeurs ! Bonheur ou malheur ?

Mini-conte A

ne lui allaient pas

a essayé

pouvez-vous échanger ?

de toute façon

était déchiré

En quoi puis-je vous aider ?

Mini-conte B

a perdu

ne voulait pas avouer

portait

se baignait

a poursuivi

a senti/sentait

Mini-conte C

un rendez-vous

ce n'était pas moi

partout

pourtant

d'abord

puis

Mini-conte D

était bouleversé(e)

a rendu

craignait de ressembler à

Voudriez-vous essayer ?

n'avait pas envie de

autant de maquillage qu'un clown

Mini-conte A

ne lui allaient pas	de toute façon
a essayé	était déchiré
pouvez-vous échanger ?	En quoi puis-je vous aider ?

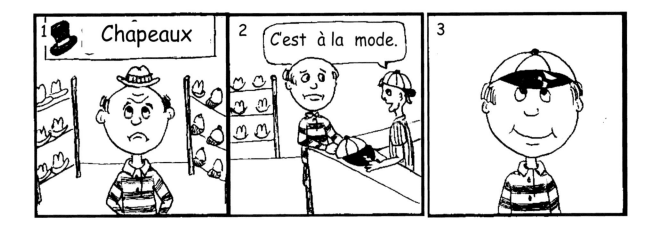

Il était une fois un homme qui habitait à Montréal, au Québec. Il était canadien. Au Québec, il fait très froid et il neige beaucoup. Presque tout le monde parle français. Cet homme avait besoin d'un chapeau. L'homme avait honte parce qu'il était presque chauve. De toute façon, il voulait cacher sa tête chauve. Il avait froid à la tête parce qu'il était chauve. Il avait envie d'acheter un chapeau à la mode. Comme il n'était pas riche, il voulait acheter un chapeau bon marché. Mais il y avait un problème. La tête de l'homme était trop grosse. Tout le monde se moquait de lui à cause de sa grosse tête.

Cet homme est entré dans un magasin. Le vendeur lui a demandé : « En quoi puis-je vous aider ? » L'homme a répondu : « Bonjour, Monsieur. Je voudrais faire un achat. J'ai besoin d'un chapeau bon marché mais à la mode. » Le vendeur lui a dit : « J'ai une bonne nouvelle pour vous, Monsieur ! Je peux vous aider. J'ai beaucoup de chapeaux bon marché. De toute façon, tous nos chapeaux sont en solde aujourd'hui ! » L'homme était heureux. Il a essayé plusieurs chapeaux. Malheureusement, les chapeaux ne lui allaient pas parce qu'il avait la tête trop grosse. Tous les chapeaux étaient trop petits. L'homme était désespéré. Mais le vendeur lui a dit : « Ne vous inquiétez pas, Monsieur. Il y a un autre magasin de chapeaux au bout de la rue. »

L'homme chauve a quitté le premier magasin. Il est allé à pied au bout de la rue. Il a vu un magasin qui s'appelait « Chapeaux R nous ». La porte était fermée et le vendeur était en train de parler au téléphone. L'homme chauve a frappé à la porte et crié : « Laissez-moi entrer ! Je voudrais faire des achats. Pouvez-vous m'aider ? » Le vendeur l'a entendu et il a ouvert la porte. Il a salué l'homme chauve et il lui a dit : « En quoi puis-je vous aider ? »

L'homme chauve lui a expliqué qu'il voulait essayer des chapeaux. Il lui a expliqué qu'il avait déjà essayé plusieurs chapeaux mais que les chapeaux ne lui allaient pas parce que sa tête était trop grosse. Il lui a dit aussi qu'il cherchait un chapeau bon marché. Le vendeur était très sympathique. Il lui a dit : « Ne vous inquiétez pas, Monsieur. Je peux vous aider. J'ai un chapeau qui va vous aller. C'est un chapeau super grand ! Ce chapeau n'est pas cher. De toute façon tous nos chapeaux sont en solde aujourd'hui. » L'homme chauve a essayé le chapeau. Le chapeau lui allait très bien. Il l'a acheté.

L'homme était en train de rentrer chez lui à pied. Son chapeau lui allait très bien, mais il avait toujours froid. Il s'est rendu compte que le chapeau était déchiré ! Il était fâché. Il est retourné au magasin. Le vendeur lui a demandé : « En quoi puis-je vous aider, Monsieur ? » L'homme a répondu : « Le chapeau que vous m'avez vendu est déchiré. Pouvez-vous me l'échanger ? » Le vendeur lui a dit : « Mais, Monsieur, les chapeaux déchirés sont très à la mode. De toute façon toutes les personnes chics portent des chapeaux déchirés. D'ailleurs, moi aussi, je porte un chapeau déchiré. Je peux vous l'échanger si vous le désirez, mais vous ne devriez pas l'échanger. Ce chapeau est superbe ! » L'homme était content. Il a répondu : « Vraiment ? Sans blague ! » Il n'a pas échangé le chapeau.

✔ Write V (vrai) or F (faux) according to Mini-conte A

1. _____ La dame a besoin d'un chapeau.

2. _____ Le magasin n'avait pas de chapeau.

3. _____ Tous les chapeaux lui allaient bien.

4. _____ Avant de sortir du magasin, il s'est rendu compte que le chapeau était déchiré.

5. _____ Le vendeur lui a dit : « Monsieur, je ne peux pas vous aider. »

6. _____ Le chapeau était bon marché.

7. _____ L'homme voulait échanger le chapeau.

8. _____ Le vendeur lui a dit que le chapeau déchiré était à la mode.

Mini-conte A révision

√ Write a short ending (50 words) for each of the following stories.

Il y avait un garçon qui voulait impressioner sa petite amie. Alors, il lui a téléphoné et il l'a invitée à l'accompagner à une boum chez Lindsay Lohan. La fille était contente et elle a dit oui. Le garçon voulait l'impressionner, alors, il a mis son pantalon le plus beau. Le pantalon était très chic. Le pantalon lui allait très bien. Mais il y avait un problème. Le garçon ne s'était pas rendu compte que le pantalon était déchiré ....

_____

_____

_____

_____

_____

_____

_____

_____

_____

_____

_____

_____

_____

Il y avait un garçon qui aimait porter des vêtements déchirés. Il pensait que les vêtements déchirés étaient à la mode. Son pantalon était déchiré, sa chemise était déchirée, même son chapeau était déchiré. Sa mère n'aimait pas les vêtements déchirés. Elle lui a dit : « Ces vêtements ne te vont pas. Ils sont déchirés. Est-ce que tu peux les échanger ? » Mais le garçon ne voulait pas échanger les vêtements. Il pensait que les vêtements lui allaient très bien et il a répondu : « Je ne veux pas les échanger ! De toute façon, j'aime les vêtements déchirés. Ils me vont bien ! Ils sont à la mode. »

_____

_____

_____

_____

_____

_____

_____

_____

_____

_____

_____

_____

_____

Lecture Culturelle : le Québec, le Canada, Montréal

Le Canada est un très grand pays au nord des États-Unis. C'est le deuxième plus grand pays du monde après la Chine. L'explorateur français, Jacques Cartier a découvert le Canada, et c'est lui qui a donné le nom de Canada au pays. Au Canada, vingt-huit pour cent de la population parlent français. L'anglais et le français sont les deux langues officielles du pays. La majorité des francophones vivent dans la province du Québec. Il y a une ville qui s'appelle Québec aussi. La ville de Québec est très vieille et très pittoresque. La ville de Montréal est la deuxième ville françophone du monde après Paris. Souviens-toi que la capitale du Canada est Ottowa.

Le drapeau canadien est rouge et blanc avec une feuille d'érable rouge au milieu. Le syrop d'érable est un produit important au Canada. Le castor est l'animal officiel. N'oublie pas que les premiers Européens étaient des trappeurs. Avant les Européens, les habitants du Canada étaient des Indiens.

Il fait très froid au Canada en hiver. Les Canadiens aiment les sports d'hiver. Ils aiment skier et jouer au hockey sur glace. Ils font de magnifiques sculptures en glace et même des hôtels en glace pour ceux qui ne sont pas **frileux** !*

*Sensitive to cold

Mini-conte B

a perdu	se baignait
ne voulait pas avouer	a poursuivi
portait	a senti/sentait

Il y avait une fille qui s'appelait Mireille. Mireille avait un tas de problèmes. Pour commencer ce conte si triste, quand elle était jeune, elle s'est presque noyée quand elle est tombée de la barque de son oncle Georges. Oui, c'est le même Georges dont on a parlé il y a quelque temps ! Alors, elle avait tellement peur de l'eau qu'elle ne voulait plus se baigner, mais elle ne voulait l'avouer à personne. Elle ne voulait plus toucher l'eau, soit pour prendre un bain, soit pour laver les vêtements qu'elle portait. Ceci lui a causé son deuxième problème : elle sentait mauvais. Elle ne se baignait pas souvent parce qu'elle avait si peur de l'eau, et elle ne lavait pas les vêtements qu'elle portait pour la même raison. Elle n'aimait pas être mouillée du tout. C'était un secret, et elle ne voulait pas l'avouer, même à ses meilleures amies qui commençaient à s'éloigner de la pauvre Mireille qui sentait mauvais. Elle les poursuivait, mais elles s'éloignaient toujours d'elle. Donc, son troisième problème, c'est qu'elle a perdu ses amies. Elle les a perdues parce qu'elle sentait mauvais et elle les a perdues parce qu'elle portait des vêtements qui sentaient mauvais. C'est un conte assez triste, n'est-ce pas ?

Quelquefois d'autres amis lui demandaient d'aller à la piscine municipale, mais elle ne voulait pas avouer son secret et elle refusait d'y aller. Elle a perdu ses amis. De temps en temps, ils lui demandaient de les accompagner à la plage près de leur ville, mais elle ne voulait pas avouer son secret et elle refusait d'y aller. Elle avait donc perdu ses amis une nouvelle fois. Elle ne voulait pas toucher le robinet ou la machine à laver. Ainsi, elle allait à l'école tous les jours sentant mauvais et portant toujours des vêtements sales qui sentaient mauvais aussi. L'odeur la poursuivait toujours. Elle ne voulait pas avouer qu'elle avait peur de l'eau, alors elle souffrait en silence, tellement triste de voir ses amies ensemble, loin d'elle. Elle était triste parce qu'elle avait perdu ses amies puisqu'elle ne voulait pas avouer son problème.

Elle ne se baignait pas pour aller à l'école, elle ne se baignait pas pour aller au cinéma et elle ne lavait pas ses vêtements. Elle se baignait seulement quand sa mère se rendait compte de l'odeur extrême de sa fille. Même sa mère ne voulait pas s'approcher d'elle, jour après jour parce qu'elle sentait mauvais. L'odeur la poursuivait dans la cuisine. L'odeur la poursuivait dans sa chambre. Sa mère se rendait compte aussi que les vêtements de Mireille sentaient mauvais. Elle ne savait que faire. Elle était désespérée ! Mireille voulait se débarrasser de ce problème, se baigner, et laver ses vêtements, mais elle ne voulait l'avouer à personne. Alors elle est restée chez elle, toute seule, sans se baigner, sans enlever ses vêtements puants, sentant mauvais et ayant perdu ses amies. Elles ne l'ont pas poursuivie. Elle a perdu tout désir de sortir de la maison !

Mais un beau jour, elle se promenait seule comme d'habitude, sentant mauvais et portant des vêtements qui sentaient mauvais quand un garçon l'a poursuivie. Il lui a dit : « Pardon, Mademoiselle, je m'appelle Yves. J'ai perdu un petit bateau que ma grand-mère m'avait donné, mais je viens de le retrouver. Y aurait-il une fontaine près d'ici ? Je voudrais voir s'il flotte encore.» Mireille était étonnée de se rendre compte que ce garçon ne s'apercevait pas de son odeur. De toute façon, elle ne voulait pas avouer qu'elle avait peur de l'eau, parce qu'elle était devenue folle de lui, le vrai coup de foudre ! Alors, elle a décidé de l'accompagner au parc, où il y avait une jolie fontaine. Après tout, elle n'aurait pas besoin de toucher l'eau !

En arrivant au parc, elle ne s'est pas aperçue qu'il y avait beaucoup d'eau par terre à cause de la fontaine. Quand elle s'est approchée de la fontaine, elle a trébuché et elle est tombée dans la fontaine ! Elle s'est mise à crier et Yves a plongé dans l'eau pour la sauver. Elle voulait avouer son problème parce qu'elle aimait Yves et elle voulait le remercier de lui avoir sauvé la vie. Alors elle lui a dit : « Yves, est-ce que tu ne te rends pas compte de quelque chose qui sent mauvais ? Je vais t'avouer mon secret. » Et elle lui a avoué qu'elle avait peur de l'eau, qu'elle sentait toujours mauvais et qu'elle portait toujours des vêtements sales qui sentaient mauvais aussi. Yves lui a dit : « Vraiment ? Sans blague ! Pauvre petite Mireille. Je suis toujours enrhumé. Quand j'étais jeune, j'étais toujours enrhumé, et ça continue depuis ce temps-là. J'étais préoccupé parce que je tousse beaucoup et je ne voulais pas te l'avouer. Je ne peux rien sentir parce que je suis toujours enrhumé. » Mireille était très contente qu'Yves lui ait avoué son secret, et elle était heureuse d'avoir avoué son secret à Yves. Maintenant, elle voulait se baigner et laver les vêtements qu'elle portait. Et Yves ? Il est allé chez le médecin pour avoir des médicaments pour ses rhumes. Finalement, Mireille a perdu son odeur et Yves a perdu son rhume ! Tout est bien qui finit bien !

Mini-conte B révision

    J'ai des amies qui sont jumelles. Un jour, elles ont perdu leurs chaussures en se dépêchant de monter dans l'autobus. Alors elles sont arrivées au lycée portant seulement des chaussettes. De plus, leurs chaussettes sentaient mauvais parce qu'elles portaient des chaussettes sales. Leurs chaussettes étaient sales parce qu'elles devaient les laver la veille (le soir précédent), mais elles étaient occupées à regarder « Dancing with the Stars». Leur maman ne leur prêtait pas attention parce qu'elle était occupée à regarder leur Facebook sur Internet. Donc, elles avaient dû porter des chaussettes dégoûtantes.

    De toute façon, en arrivant au lycée, tous leurs amis se sont éloignés d'elles parce que leurs chaussettes sentaient mauvais. Après l'école, elles se sont dépêchées de rentrer à la maison pour laver leurs chaussettes. Le lendemain, elles sont arrivées au lycée à l'heure, portant de jolies chaussettes propres. Leurs amis se sont approchés des jumelles, et maintenant, elles étaient super contentes. Tout est bien qui finit bien !

Questions personnelles

1. Qui lave les vêtements chez toi ?

2. As-tu déjà porté des vêtements sales à l'école ? Si oui, pourquoi ?

3. Qui s'intéresse plus aux vêtements propres, les filles ou les garçons ? Pourquoi ?

4. Est-ce que tu portes du parfum ? Lequel ?

5. Est-ce que tu portes des chaussettes à motifs ?

6. Si oui, quels motifs préfères-tu ?

Notes :

Lecture Culturelle

Un feuilleton du 16e siècle : François Ier, Henri II et Diane de Poitiers

Il y avait une beauté célèbre qui s'appelait Diane de Poitiers. Elle était la maîtresse de deux rois de France, François Ier ainsi que son fils, Henri II. Tous les deux sont tombés amoureux de la même femme et tous les deux étaient fous d'elle. Tel père, tel fils !

François était patron des arts à l'époque de la Renaissance. Pendant son règne, il a fait construire le château de Chambord au bord de la Loire ainsi que Fontainebleau, à l'est de Paris. François était fier et extravagant, dépensant librement l'argent du Trésor français. Il a reçu les artistes Titien et Léonard De Vinci parmi ses invités. Du reste, Léonard De Vinci est mort et enterré en France.

Son fils Henri essayait aussi d'impressionner Diane, bien qu'elle ait été beaucoup plus âgée que lui, soit une différence de vingt ans ! Il lui a donné beaucoup de cadeaux élégants et somptueux, comme par exemple, le château de Chenonceau. Une fois, il lui a même offert les bijoux royaux. Diane vivait quelquefois dans le château avec le roi et la reine Catherine de Médicis, la femme d'Henri. Quand il a été tué dans un accident en 1559, celle-ci s'est vengée de Diane. Elle l'a chassée du château et lui a donné le château de Chaumont, un plus petit château beaucoup moins élégant et agréable que Chenonceau.

Pauvre Diane ! Que la vie peut être dure !

√ Answer the following questions about the Lecture Culturelle.

1. Qui était le plus jeune, François Ier ou Henri II ?

2. Pourquoi Catherine de Médicis s'est-elle vengée de Diane de Poitiers ?

3. Qui a fait construire le château de Chambord ?

4. Où est-ce que Léonard de Vinci est enterré ?

Notes :

Mini-conte C

un rendez-vous	pourtant
puis	d'abord
partout	ce n'était/ce n'est pas moi

Une fille a donné rendez-vous à un très beau garçon. Le garçon lui semblait très sympathique. Pourtant la fille lui a dit : « J'irai partout avec toi, pourtant je n'embrasse jamais les garçons lors du premier rendez-vous ! » Le garçon lui a répondu : « Ne t'inquiète pas. Moi non plus, je n'embrasse jamais les filles lors du premier rendez-vous, bien sûr ! »

À dix-huit heures, la fille était prête pour le rendez-vous. D'abord, elle est montée dans la voiture et puis elle a mis sa ceinture de sécurité. La voiture a démarré. Le garçon lui a demandé : « Est-ce que tu iras partout avec moi ? » La fille a répondu : « J'irai partout avec toi. J'irai n'importe où avec toi, pourtant, je n'embrasse jamais les garçons lors du premier rendez-vous ! » Le garçon lui a dit : « Moi non plus, bien sûr ! » La fille était en train de regarder par la fenêtre quand le garçon lui a embrassé le nez. D'abord la fille s'est fâchée. Elle voulait s'éloigner de lui, mais elle ne le pouvait pas. Puis, au lieu de s'éloigner de lui, la fille a crié : « Je t'ai déjà dit que je n'embrassais jamais un garçon lors du premier rendez-vous. Je te préviens que si tu essaies de m'embrasser encore une fois, ce sera notre dernier rendez-vous ! » D'abord le garçon a fait semblant d'être innocent. Puis, il lui a dit : « Pourtant, ce n'est pas moi ! » La fille lui a dit : « Si, c'était toi ! »

Ils sont arrivés au cinéma. Ils ont trouvé des places au milieu de la salle. Ils étaient en train de regarder le film quand le garçon a essayé d'embrasser la fille sur l'oreille. D'abord elle a crié car il l'avait effrayée. Puis, sa boisson s'est renversée et la boisson a éclaboussé les vêtements de la fille. Ses vêtements étaient mouillés. La boisson s'est répandue partout. D'abord, elle s'est fâchée, puis elle s'est éloignée du garçon. Elle a crié : « Si tu essaies encore de m'embrasser, ce sera notre dernier rendez-vous ! » D'abord, le garçon a fait semblant d'être innocent. Puis, il lui a dit : « Ce n'est pas moi ! » Pourtant, la fille était fâchée et elle lui a répondu : « Si, c'était bien toi ! »

Mais comme la fille avait envie de voir le film, elle s'est d'abord approchée du garçon, puis elle lui a dit : « J'irai partout avec toi, pourtant, il faut que tu comprennes que je n'embrasse jamais lors du premier rendez-vous ! » D'abord, les yeux du garçon se sont remplis de larmes. Puis, il a sorti un mouchoir et il a lui a dit : « Pourtant, ce n'était pas moi ! » La fille a répondu : « Je sais que c'était toi ! » Le garçon lui a offert une deuxième boisson. Ils étaient en train de regarder le film quand le garçon a essayé d'embrasser le pied de la fille. La fille était en train de boire sa boisson. D'abord, elle s'est vite levée . Puis, la boisson s'est renversée. La boisson a éclaboussé les chaussures de la fille. Elles étaient mouillées, ses vêtements étaient mouillés, elle était toute mouillée partout. D'abord, elle s'est fâchée et puis, elle s'est éloignée du garçon. Elle lui a dit : « Tu te conduis vraiment mal. Je t'ai dit que je n'embrassais jamais lors du premier rendez-vous ! Si tu essaies encore de m'embrasser, ce sera notre dernier rendez-vous ! » D'abord, les yeux du garçon se sont remplis de larmes. Puis, il a sorti un mouchoir et il a dit, « Pourtant ce n'était pas moi ! » La fille était fâchée et elle lui a dit : « Ce n'était pas toi ? C'était qui alors ? »

La fille était vraiment fâchée. Elle s'est levée. Elle a crié : « C'est notre dernier rendez-vous ! » Elle a frappé le garçon. D'abord le garçon a pleuré, puis il a dit : « Pourquoi est-ce que tu m'as frappé ? » Elle lui a enfin dit : « Ce n'est pas moi ! »

√ Répondez à ces questions :

1. À quelle heure était le rendez-vous ?

2. Qu'est-ce que la fille a fait après être montée dans la voiture ?

3. Où sont-ils allés pour leur rendez-vous ?

4. Pourquoi est-ce que les vêtements de la fille étaient mouillés ?

5. De quoi le garçon avait-il besoin quand ses yeux se sont remplis de larmes ?

6. Pourquoi la fille a-t-elle frappé le garçon ?

Mini-Conte C Révision : D'abord, puis

√ **Combine a phrase from the first column with a phrase from the second column to create a sentence using d'abord and puis.**

elle a trébuché	elle a éclaboussé les chaussures de la fille
tout le monde s'est éloigné de lui	la boisson s'est renversée.
le garçon a embrassé la fille	il a dit : « Ce n'était pas moi ! »
il lui a mis un plâtre	il a toussé
le médecin s'est approché d'elle	elle est tombée

1. D'abord_____,

   puis _____.

2. D'abord _____,

   puis _____.

3. D'abord _____,

   puis _____.

4. D'abord _____,

   puis _____.

5. D'abord_____,

   puis _____.

Lecture Culturelle : Le cinéma français

Est-ce que tu aimes aller au cinéma ? Quand tu vas au cinéma est-ce que tu préfères y aller avec des amis ou est-ce que tu préfères y aller avec ton petit ami (ta petite amie) ? Les jeunes Français aiment aller au cinéma ensemble. Ils aiment les films américains et on peut voir des films américains partout en France. Quelquefois les films sont doublés, mais en général les films sont en anglais (version originale) Pourtant, les Français peuvent comprendre le film même s'ils ne parlent pas anglais, grâce aux sous-titres.

Est-ce que tu as déjà vu un film français au cinéma ? C'est une bonne façon d'apprendre le français et la culture française. Et si les acteurs parlent trop vite, on peut toujours lire les sous-titres !

√ Write an original story about a first-date experience. Give your story a title, and write it from the prespective that your teacher tells you.

_____

_____

_____

_____

_____

_____

_____

_____

_____

_____

_____

_____

_____

_____

_____

_____

_____

_____

_____

_____

_____

Mini-conte D

était bouleversé(e)	voudriez-vous essayer
a rendu	n'avait pas envie de
craignait de ressembler à	autant de maquillage qu'un clown

Il était une fois une fille appelée Lise qui voulait impressionner un garçon dans sa classe. Il s'appelait Adonis et toutes les filles étaient bouleversées par son charme. Elles trébuchaient les unes sur les autres afin de s'approcher de lui tant il était beau, intelligent et sportif. Il conduisait une voiture de sport, il s'habillait très élégamment, et de plus, il avait les dents très blanches ! D'habitude, Lise ne s'intéressait pas aux garçons parce qu'elle avait d'autres intérêts. Elle ne s'intéressait ni à la mode ni au maquillage. Seuls les arts l'intéressaient. Elle aimait surtout faire de la sculpture. Elle se voyait bien le Rodin du futur !

Elle ne pouvait pas pu expliquer pourquoi elle était bouleversée par ce garçon, mais c'est pourtant ce qui lui est arrivé. Les autres filles se mettaient autant de maquillage qu'un clown, et Lise craignait de ressembler à un clown si elle se maquillait. Leur maquillage était plus épais que le plâtre qu'elle employait pour ses statues. Elle ne savait que faire parce qu'elle n'était pas du tout experte en maquillage. Elle n'avait pas envie de ressembler à un clown. Après tout, elle avait envie d'être une artiste et non pas un clown dans un cirque !   À vrai dire, quand elle était jeune, elle rêvait d'être acceptée à l'école des Beaux Arts et peut-être de vivre à Montmartre comme les artistes célèbres d'autrefois. Elle n'avait pas envie de se mettre autant de maquillage qu'un clown et elle craignait de ressembler à ses statues.

Mais aussitôt qu'elle apercevait Adonis, elle voulait l'impressionner et elle craignait de ne pas pouvoir parce qu'elle n'avait pas autant de maquillage que les autres filles. Elle n'avait pas envie de ressembler aux statues. Elle voulait bien essayer de se maquiller un peu, mais elle craignait de ressembler aux clowns. Que faire maintenant ? Elle a décidé de se rendre à la Samaritaine, un grand magasin à Paris. Elle était surprise par tout le maquillage dans le magasin. La vendeuse s'est approchée de Lise et lui a demandé : « Bonjour, Mademoiselle. Voudriez-vous essayer du maquillage ? » Lise craignait de ressembler à un clown, mais elle voulait pourtant essayer de ressembler un peu aux autres filles maquillées qui essayaient d'impressionner Adonis. La vendeuse lui a mis autant de maquillage qu'à un clown, et quand elle est sortie du magasin, tout le monde la regardait en riant. Elle pensait que la vendeuse lui avait joué un tour, et elle a immédiatement rendu le maquillage.

Elle est entrée aux Galeries Lafayette, un autre grand magasin très connu. Au rez-de-chaussée, il y avait seulement des parfums. Lise s'est dit : « Je n'ai pas envie de me maquiller autant qu'un clown, donc j'ai rendu le maquillage à la Samaritaine, mais j'aimerais bien impressionner Adonis. De toute façon, je voudrais essayer de me maquiller. »

Cette fois, la vendeuse s'est approchée d'elle et lui a dit : « Bonjour Mademoiselle. Voudriez-vous essayer ce maquillage ? » Lise lui a dit qu'elle craignait de ressembler à un clown, et la vendeuse s'est mise à rire. « Ne craignez rien, Mademoiselle. Je n'ai pas envie de vous maquiller comme un clown. Si vous ne l'aimez pas, vous me rendez le maquillage tout de suite, d'accord ? »   Elle avait raison, et Lise ne craignait pas de ressembler à un clown. Mais quand elle est sortie, elle ne ressemblait pas à un clown, elle ressemblait à une vedette, et tous les garçons la poursuivaient. Elle a rendu le maquillage au magasin parce qu'elle craignait de ressembler à une vedette. Elle ne savait que faire. Elle était bouleversée par toutes ses émotions, et elle voulait rentrer faire de la sculpture. Désespérée, elle est allée au Musée Rodin pour regarder toutes les statues superbes, et tout à coup, elle s'est rendu compte qu'Adonis était devant le musée ! Il s'est approché d'elle et lui a dit : « Lise, pourquoi est-ce que tu as autant de maquillage que les vedettes et les autres filles de notre classe ? J'étais bouleversé par ton visage naturel, et je n'ai pas envie de sortir avec des filles qui ont autant de maquillage que des clowns. Voudrais-tu essayer de me sculpter? J'espère que tu as rendu tout le maquillage. Le seul plâtre que je voudrais voir, c'est dans les statues que tu vas créer ! » Lise était bouleversée par les mots d'Adonis ! Ils sont allés ensemble dans le musée, et Lise n'avait plus envie de se maquiller !

Questions personnelles

1. A quel âge est-ce que les filles devraient avoir la permission de se maquiller ?
   Pourquoi ?

2. Qui porte le plus de maquillage-les vedettes ou les ados ?

3. Quand est-ce que les garçons portent-ils du maquillage ?

4. Est-ce que tu portes du maquillage pour la Veille de La Toussaint (Halloween) ?
   Si oui, tu te maquilles comme quelle personne ou quel personnage ?

5. Quand tu étais jeune, tu te maquillais quelquefois quand tu jouais ? Décris
   l'occasion.

6. En général, où est-ce qu'on achète le maquillage, et combien coûte-t-il ?

7. Penses-tu que les filles sont plus jolies avec ou sans du maquillage ? Pourquoi ?

8. Combien de filles dans ta classe portent du maquillage aujourd'hui ?

9. Est-ce que les grands-mères portent du maquillage ?

10. Si oui, pourquoi ?

Lecture Culturelle : Auguste Rodin

Auguste Rodin est né à Paris le 12 novembre 1840. Sculpteur français du 19ème siècle, Rodin est considéré comme un des maîtres de la sculpture de tous les temps. Son œuvre la plus connue des Américains est sans aucun doute Le Penseur. On le voit représenté un peu partout, dans les annonces, les dessins animés, les affiches. Mais Rodin a aussi créé beaucoup d'autres chefs-d'œuvre. Il représente en marbre et même en bronze les émotions et la puissance de la vie humaine, la vie en mouvement.

Dans Le Penseur, cette émotion et cette puissance sont évidentes, non seulement sur son visage, mais aussi sur tout son corps, ses bras, ses mains, ses jambes et sa poitrine. À quoi pense-t-il ? À la vie quotidienne, à sa propre vie spirituelle ou au futur ? Personne ne le sait !

Très respecté pour son art, Rodin a été commissionné pour créer une porte pour un musée de Paris. Il l'a appelée La Porte de l'enfer (The Gate of Hell). Elle comprend 186 personnes, la plupart tombant en enfer, leurs visages remplis d'angoisse et de terreur. Il a mis 20 années pour sculpter cette porte.

Il a créé Les Bourgeois de Calais pour commémorer l'héroïsme des six bourgeois qui ont sacrifié leur vie en se livrant à Edouard III en échange de la libération de la ville de Calais en 1347. Ces trois chefs-d'œuvre remarquables se trouvent aujourd'hui dans le magnifique Musée Rodin, situé dans le Faubourg St-Germain à Paris. Ce musée est la dernière résidence de Rodin. Il est entouré de beaux jardins dans lesquels on peut admirer ces trois sculptures parmi d'innombrables statues de Rodin. Et bien sûr, il y en a aussi d'autres dans la maison, ainsi que des esquisses et des croquis ! Mets-le sur l'itinéraire de ta prochaine visite à Paris !

∫ *Le musée du Louvre* (in Paris) is one of the most famous museums in the world. Research the museum and write a paragraph that describes the physical characteristics of the building and at least three famous pieces that are housed in the museum.

_____

_____

_____

_____

_____

_____

Épisode 2

Oh, les soeurs ! Bonheur ou malheur ?

Draw your own illustration here.

Épisode 2 :
Oh, les soeurs ! Bonheur ou malheur ?

Finalement, le soir du bal est arrivé. Irène s'est habillée rapidement. Elle s'est préparée, mais a laissé son maquillage et ses vêtements traîner partout dans la salle de bain. Lili s'est habillée rapidement aussi. Cependant, elle n'avait pas autant de vêtements qu'Irène et elle les a rangés avant de sortir. Les chaussures de Lili étaient rangées mais celles d'Irène étaient par terre.

De toute façon les deux filles étaient prêtes et elles sont arrivées au bal aussi vite que possible. Au bal, il y avait un très beau garçon. Il s'appelait François. Il semblait très sympathique. Il a vu Lili et il a remarqué que ses chaussures et sa robe lui allaient très bien. Il s'est approché d'elle et il lui a demandé si elle voulait danser. À cet instant, Irène a poussé Lili pour parler à François et elle lui a dit : « Veux-tu danser avec moi ? » Pendant qu'ils dansaient, la pauvre Lili s'est assise seule à une table, dans un coin. Elle avait envie de pleurer, mais elle ne voulait pas abîmer son maquillage.

Pendant le bal, le portable d'Irène a sonné. Irène a dit : « Salut, maman ! La salle de bain est en désordre ? Non, ce n'est pas moi ! » Alors, elle a passé le portable à Lili. La belle-mère de Lili lui a dit : « Lili, tes vêtements et ton maquillage sont partout. Reviens tout de suite à la maison pour ranger tout ça ! » Lili a répondu : « Ce n'est pas moi ! », mais sa belle-mère ne l'a pas crue.

Lili était très triste de devoir quitter le bal si rapidement. Pourtant, elle ne voulait pas se disputer avec sa belle-mère et elle est partie en courant si vite qu' elle a perdu une de ses chaussures. Comme elle était pressée, elle a laissé la chaussure par terre. François a vu la chaussure. Il a remarqué que Lili n'en portait qu'une et il s'est rendu compte que la chaussure qu'il avait trouvée était celle de Lili. Il a laissé Irène et a poursuivi Lili. Irène est restée au bal, mais elle se sentait très fâchée. Elle ne se préoccupait pas de sa demi-sœur. Elle avait essayé de retenir François, mais elle n'avait pas réussi.

Finalement, Lili est arrivée à la maison et a nettoyé le désastre d'Irène. François avait poursuivi Lili et il est arrivé à la maison juste après elle. Il a sonné à la porte et a dit : « Lili, je crois qu'il te manque une chaussure ! » Il lui a rendu la chaussure et lui a donné rendez-vous pour le jour suivant. Lili était très contente. Quant à Irène, et bien…

√ On the following page, write a conclusion or a sequel to *Oh, les soeurs ! Bonheur ou malheur ?* Write the story from the perspective and in the tense your teacher tells you. Illustrate your ending in Box 9 on page 132.

Conclusion : Oh, les soeurs ! Bonheur ou malheur ?

_____

_____

_____

_____

_____

_____

_____

_____

_____

_____

_____

_____

_____

_____

_____

_____

_____

_____

√ **Using the following word bank, fill in the blanks to rewrite Episode 2 as if there were two step-sisters.**

sont restées	ont laissé	a demandé	nettoyer
a rendu	ont poussé	ont demandé	ont dansé
se sont habillées	a sonné	sont arrivées	avait
étaient pas préoccupées	Pendant	a dit	est

Révision : Oh, les soeurs ! Bonheur ou malheur ?

Finalement, la nuit du bal est arrivée. Irène et Marthe se (1) _____ _____ rapidement. Elles se sont préparées, mais elles (2) ___ _____ leur maquillage et leurs vêtements partout. Lili aussi s'est habillée rapidement mais a rangé toutes ses choses avant de sortir.

Aussi vite que possible, elles (3) _____ _____ au bal. Au bal, il y avait un très beau garçon. Il s'appelait François. Il semblait très sympathique. Il a vu Lili et il lui a demandé si elle voulait danser. À cet instant, Irène et Marthe (4) _____ _____ Lili et (5) _____ _____ à François : « Veux-tu danser avec nous ? » Alors, Irène a pris le bras de François et ils (6) _____ _____ . Pendant qu'ils dansaient, Marthe semblait très fâchée et la pauvre Lili s'est assise seule à une table dans un coin. Elle avait envie de pleurer mais elle ne voulait pas abîmer son maquillage.

Pendant le bal, le téléphone cellulaire d'Irène (7) _____ _____. Irène a dit : « Salut, maman ! La salle de bains est en désordre ? Non, ce n'(8) _____ pas moi ! » Alors, elle a passé le téléphone à Marthe et de même, Marthe a répondu : « Salut, maman !. La salle de bain est en désordre ? Non, ce n'était pas moi ! » Puis, Marthe a passé le téléphone à Lili. La belle-mère de Lili lui(9) _____ _____ : « Lili, tes vêtements et ton maquillage sont partout. Rentre à la maison aussi vite que possible pour (10) _____ ! »

Lili était très triste. Elle a quitté rapidement le bal. (11) _____ qu'elle sortait, elle a perdu une de ses chaussures. François a vu que Lili n' (12) _____ qu'une seule chaussure. François a quitté Irène et a poursuivi Lili. Irène et Marthe (13) _____ _____ au bal, mais elles semblaient très fâchées. Elles n' (14) ____ ___ _____ de leur demi-soeur.

Finalement, Lili est arrivée à la maison et a nettoyé le désastre de Marthe et d'Irène. François est arrivé à la maison juste après Lili. Il lui (15) _____ _____ la chaussure et lui a donné rendez-vous pour le lendemain. Lili était très contente. Quant à Irène et Marthe et bien...

Chapitre six : Oh, les soeurs ! Bonheur ou malheur ?

√ Answer the following questions about Episode 2 Révision.

1. Comment s'appelaient les deux demies-soeurs ?

2. Pourquoi est-ce que Lili n'a pas dansé avec François ? Qui a dansé avec François ?

3. Réfléchis... Qu'est-ce que François aurait dû faire quand Irène l'a invité à danser ?

4. Pourquoi est-ce que Lili a quitté le bal ?

5. Pourquoi est-ce que François est allé chez Irène ?

6. Réfléchis... Pourquoi est-ce que Lili a nettoyé la salle de bain ?

7. Si tu étais Lili, nettoierais-tu la salle de bain ?

√ Write five true or false questions about the revision to Episode 2.

_____ 1.

_____ 2.

_____ 3.

_____ 4.

_____ 5.

Lecture Culturelle
Le Réveillon

Salut, Je m'appelle Marius Carbonel. Je vis à Aix en Provence et j'ai seize ans. En Provence les fêtes de Noël commencent le 4 décembre, le jour de la Sainte Barbe. Ce jour-là nous faisons germer des grains de blé dans trois assiettes couvertes de coton humide. Si les tiges poussent droites et vertes, l'année sera bonne pour nous. Plus tard, nous mettons ces petits champs miniatures dans notre crèche.

Dès la première semaine de décembre, nous décorons notre maison avec un arbre de Noël et une crèche. Mais notre crèche est différente car nous avons, en plus des personnages traditionnels, des personnages que nous appelons SANTONS. Les santons représentent les habitants du village se rendant à la crèche. Il y a les joueurs de pétanque, les marchands de poissons ou de bois, le boulanger, le docteur, le curé... En fait, c'est la représentation idéale du village provençal et de son petit monde.

La veille de Noël ma mère sert un grand dîner. C'est le Réveillon. La table est couverte de trois nappes blanches. Trois pour représenter la Trinité avec trois chandeliers blancs allumés et les trois assiettes de blé germé de la Sainte Barbe. Nous mangeons 7 plats "maigres", c'est-à-dire "légers" : coquillages, gratins, anchoïade, morue, omelette, escargots, soupe à l'ail.... Puis nous allons à l'église pour assister à la messe de minuit.

Au retour de la messe, nous dégustons les 13 desserts traditionnels. Ce sont : 1) Des figues sèches. 2) Des amandes. 3) Des raisins secs. 4) Des noix. 5) Des dattes. 6) Du nougat. 7) De la fougasse. 8) De la pâte de coing (un fruit entre la pomme et la poire). 9) Des oreillettes. 10) Des fruits frais. 11) Des fondants. 12) Des confitures. 13) De la bûche de Noël. J'adore surtout la bûche.

Puis, tous les enfants vont au lit après avoir mis leurs plus belles chaussures autour de la cheminée car le Père Noël va bientôt arriver. Si nous avons été sages durant l'année, il mettra des cadeaux dans nos chaussures. Mais si nous avons été méchants, c'est son assistant, le Père Fouettard, qui y mettra du charbon ou un fouet !

J'aime le réveillon et je crois encore au Père Noël même si j'ai seize ans. J'y crois toujours car je veux mes cadeaux... Et vous ? Croyez-vous à votre Santa Claus ?

Chapitre six : Oh, les soeurs ! Bonheur ou malheur ?

Qu'as-tu appris sur le réveillon ?

√ Réponds aux questions :

1. Qu'est-ce que Marius fait pousser le 4 décembre ?

2. Qu'est-ce que cela signifie lorsque les tiges poussent droites ?

3. Qu'est-ce qu'un Santon ?

4. Qu'est ce que Marius mange avant d'aller à l'église ?

5. Qu'est-ce que Marius mange après l'église ?

6. Quel est le dessert préféré de Marius le soir du réveillon ? Quel est le tien ?

7. Où est-ce que le Père Noël met les cadeaux ?

8. Comment s'appelle l'assistant du Père Noël ?

9. Qu'est-ce que le Père Noël t'a apporté cette année ?

10. Pourquoi penses-tu que Marius dit qu'il croit encore au Père Noël ? Et toi, est-ce que tu crois à Santa ?

Chapitre sept :
Madame Maladroite

Mini-conte A

un atelier de réparations

un pot

a heurté

dès qu'il commençait à
travailler

Quel malheur !

sa propre moto

Mini-conte B

il creusait la terre

il croyait

chaque jour

il a arrosé

la dentelle

il ne pouvait pas croire

Mini-conte C

une mouche

a atterri

le balai/balayait

il a eu des ennuis

le patron

une bonne

Mini-conte D

le salon

le feuilleton

il l'a pris

allait avoir quinze ans

a laissé tomber

ne savait pas

Mini-conte A

un atelier de réparations	dès qu'il commençait à travailler
un pot	Quel malheur !
a heurté	sa propre moto

Il était une fois un homme qui s'appelait Marcel. Marcel était belge. Il travaillait depuis dix ans dans un atelier de réparations de voitures à Bruxelles, en Belgique. Quand il était jeune, Marcel avait sa propre moto. Il se promenait partout à moto. Un jour, sa moto a heurté un arbre et Marcel s'est blessé. Il s'est cassé les jambes. Il s'est cassé les bras. Et il a perdu toutes ses dents ! Quel malheur ! Donc, Marcel devait porter de fausses dents. Il n'avait plus ses propres dents ! Malheureusement, Marcel n'était pas riche du tout. Il n'avait pas autant d'argent que Bill Gates et il avait dû acheter des fausses dents bon marché. Ces fausses dents bon marché ne lui allaient pas très bien. Quel malheur ! Il parlait d'une façon bizarre et chaque fois qu'il toussait, les fausses dents tombaient par terre. Il avait honte. Il voulait échanger ses fausses dents. Il voulait acheter de fausses dents aussi chères que celles de Bill Gates, mais il n'avait pas autant d'argent que lui. Quel malheur ! D'ailleurs, sa moto était en panne et il devait aller partout à pied.

Puisque ses fausses dents ne lui allaient pas très bien, Marcel devait les enlever souvent. Dès qu'il commençait à travailler dans l'atelier de réparations il les enlevait et il les mettait dans un pot. Les fausses dents ne lui allaient pas parce que c'étaient des fausses dents bon marché. Quel malheur ! Marcel s'inquiétait. Il avait peur que ses fausses dents tombent par terre. Dès que Marcel commençait à travailler dans l'atelier, il mettait ses fausses dents dans un pot. Ses propres dents lui manquaient beaucoup.

Un jour, un garçon qui s'appelait Guillaume est venu dans l'atelier de Marcel. Sa voiture avait heurté un arbre et maintenant la voiture était en panne. Marcel a laissé entrer le garçon et il lui a dit : « En quoi puis-je vous aider ? » Dès que Marcel s'est mis à parler, Guillaume s'est moqué de lui parce qu'il parlait d'une façon bizarre. Quel malheur ! Il parlait d'une façon bizarre parce que ses fausses dents étaient dans le pot ! Ses propres dents lui manquaient beaucoup. Guillaume a dit : « Ma voiture est en panne. Réparez-la aussitôt que possible ! » Il a laissé sa voiture dans l'atelier et il est parti.

Le lendemain Guillaume est revenu à l'atelier de réparations pour chercher sa voiture. Marcel l'a laissé entrer et lui a dit : « En quoi puis-je vous aider ? » Il s'est approché de Marcel et lui a demandé si sa voiture était prête, Marcel avait enlevé ses fausses dents et il les avait mises dans un pot. Dès qu'il s'est mis à parler, Guillaume s'est moqué de lui. Mais alors qu'il était en train de se moquer, il a trébuché et il est tombé. Il a heurté une voiture qui se trouvait dans l'atelier. Il était blessé. Il a crié : « Aïe ! Ça fait mal ! » D'ailleurs, quand il s'est relevé, Marcel s'est rendu compte qu'il manquait quinze dents à Guillaume ! Quel malheur ! Guillaume était désespéré ! Il devait sortir avec Lindsay Lohan dans quelques heures. Il a supplié Marcel : « Vendez-moi vos fausses dents ! Donnez-les-moi ! Mes propres dents ont disparu ! » Guillaume était riche. Il avait autant d'argent que Bill Gates. Il a payé $1.000.000 pour les fausses dents de Marcel. D'ailleurs, les fausses dents lui allaient très bien. Il était même plus beau qu'avant.

Marcel est devenu fou de joie ! Maintenant il avait presque autant d'argent que Bill Gates. Il a quitté l'atelier de réparations. D'abord il est allé dans un bon magasin de fausses dents. Il s'est acheté des fausses dents aussi chères que celles de Bill Gates. Maintenant ses propres fausses dents lui allaient très bien. Puis il est allé à Rolls Royce à Paris. Il s'est acheté une voiture aussi chère que celle de Bill Gates. Maintenant sa propre voiture était une Rolls rouge ! Quel bonheur !

√ Répondez à ces questions :

1. Est-ce que Marcel avait son propre avion ?

2. Où travaillait Marcel ?

3. Pourquoi Marcel devait-il porter de fausses dents ?

4. Qu'est-ce que Guillaume a perdu dans l'atelier de réparations ?

5. Pourquoi Guillaume se moquait-il de Marcel ?

6. Qu'est-ce que Marcel mettait dans un pot ?

Mini-Conte A : Révision 1

Il y avait un garçon qui travaillait dans un atelier de réparations à Bruxelles, en Belgique. Le garçon était très pauvre mais il était content parce qu'il avait sa propre moto. Sa mère lui avait donné la moto pour son anniversaire. Le garçon allait partout à moto et il conduisait très vite. Le garçon allait chaque jour à l'atelier de réparations à moto. Il ne voulait pas perdre les clés de sa moto. Alors dès qu'il arrivait à l'atelier de réparations, il mettait les clés dans un pot à côté de la porte.

Mais un jour, le garçon était en retard. Il était pressé et il conduisait plus vite que d'habitude. Sa moto a heurté un arbre et le garçon a perdu toutes ses dents ! Quel malheur ! Le garçon a ramassé les dents et dès qu'il est arrivé à l'atelier, il les a mises dans un pot.

À six heures, le garçon a ramassé ses dents du pot et il a quitté l'atelier. Sa moto était en panne et il est rentré chez lui à pied. Il a salué sa mère et il est allé se coucher. Dès qu'il est entré dans sa chambre, il a mis toutes ses dents sous son oreiller et il s'est endormi.

Le lendemain le garçon s'est réveillé à six heures. Il a cherché sous son oreiller et il est devenu fou de joie. **La petite souris*** lui avait laissé 300.000 euros pour les dents ! Quel bonheur !

*the tooth fairy

√ Vrai ou Faux ?

1. _____ Le garçon travaillait dans un atelier de réparations à Londres, en Angleterre.

2. _____ Le garçon était pauvre mais il avait sa propre moto.

3. _____ Sa mère lui avait donné la moto.

4. _____ Dès qu'il arrivait à l'atelier, le garçon mettait son argent dans un pot.

5. _____ Le garçon a perdu ses dents quand sa moto a heurté un chien.

6. _____ La petite souris a pris les dents et elle a laissé 300.000 euros.

Activité

√ Quel malheur ! or Quel bonheur ! Respond to the following statements with either « Quel malheur ! » or « Quel bonheur ! »

1. D'abord le garçon a trébuché et puis il est tombé. _____

2. Ses fausses dents ne lui allaient pas bien. _____

3. Guillaume avait sa propre voiture. _____

4. Sa moto était en panne. _____

5. Le garçon a mauvaise haleine et toutes les filles s'éloignent de lui.

_____

6. Elle a sa propre piscine. _____

7. Il essayait d'impressioner sa copine quand sa voiture a heurté un arbre

_____

8. Son petit ami lui a dit, « Je t'aime ! » _____

Lecture Culturelle : La petite souris

Marcel a perdu toutes ses dents dans un accident de moto. Aïe ! Ça fait mal ! Quel malheur ! Mais tous les enfants perdent leurs **dents de lait*** quand ils sont jeunes. C'est normal, et c'est le premier signe que l'on devient grand.

Qu'est-ce qu'on fait de ses dents de lait ? Eh bien, ça dépend des pays. Aux États-Unis, la "tooth fairy" prend les dents de lait. Mais en France, ce n'est pas la même chose. En France, quand on perd une dent, on la met sous son oreiller avant de s'endormir. Pendant la nuit, une petite souris vient. Elle emporte la dent et elle laisse une pièce de monnaie. Quel bonheur !

Mais qu'est-ce que la souris fait de toutes les dents qu'elle ramasse ? Est-ce qu'elle les met dans un pot comme Marcel ? Personne ne le sait !

*baby teeth

Questions personnelles :

1. As-tu déjà perdu des dents ?

2. Combien de dents as-tu perdu ?

3. Comment est-ce que tu les as perdues ?

4. Qu'est-ce que tu as fait des dents que tu avais perdues ?

5. Qu'est-ce que tu as fait avec l'argent que la petite souris t'a laissé ?

Mini-conte B

il creusait la terre   il a arrosé
il croyait   la dentelle
chaque jour   il ne pouvait pas croire

Il y avait un petit garçon un peu bête qui s'appelait Bouffon. Bouffon était sympa, mais pas très intelligent. Il habitait dans une ferme en Bretagne, au nord-ouest de la France. La Bretagne est connue pour ses jolies coiffes en dentelle. La ferme était isolée et Bouffon s'ennuyait beaucoup. Sa famille n'était pas riche et devait travailler du matin au soir. Ses parents passaient leurs journées dans leur jardin à cultiver la terre pour récolter des légumes qu'ils vendaient en ville et dont ils se nourrissaient aussi. Ils plantaient beaucoup de légumes, ils les arrosaient chaque jour, mais tous les ans, c'était la même chose. Ils avaient du mal à avoir de bonnes récoltes. Ils croyaient pourtant qu'en travaillant dur, ils auraient une bonne récolte de légumes. Bouffon se croyait seul au monde puisque sa famille travaillait dur chaque jour dans leur grand jardin, plantant et arrosant les légumes. Ses parents ne lui permettaient pas d'aller en ville à pied tout seul, parce qu'ils croyaient qu'il n'était ni assez grand ni assez intelligent.

Les grands-parents de Bouffon habitaient avec la famille aussi. Mais son Papi était un peu sourd et aveugle, quoiqu'il ne voulût pas l'avouer, et donc il ne lui prêtait pas attention. Sa Mamie était préoccupée à faire des coiffes en dentelle pour lesquelles les Bretons sont connus. Chaque jour, elle faisait des coiffes avec le coton qu'elle avait récupéré de vieux vêtements. Elle savait que ces coiffes ne seraient pas belles, mais elle n'avait pas d'argent pour acheter du coton neuf au magasin. Mamie était si préoccupée par ses coiffes qu'elle ne prêtait pas attention à Bouffon. Il essayait de leur jouer des tours parce qu'il s'ennuyait, mais ils ne lui prêtaient pas attention—Papi avec ses problèmes de vieillesse, et Mamie avec ses coiffes sur lesquelles elle travaillait si dur.

Un beau jour, alors que Bouffon se promenait dans un champ voisin que personne ne cultivait plus depuis longtemps, il a vu un euro par terre. Quel bonheur ! Quelle chance ! Il l'a ramassé, mais comme il était un peu bête, il a eu une idée ridicule. Il allait planter l'euro ! Il croyait que s'il plantait l'euro et l'arrosait chaque jour, un tas d'euros pousserait. Il les donnerait à sa mamie pour acheter du coton neuf pour qu'elle puisse faire de la belle dentelle pour ses coiffes. Comme ça, elle serait si contente qu'elle lui prêterait beaucoup d'attention.

Donc, chaque jour, Bouffon allait dans le champ, il creusait un trou par terre et il plantait son euro. Il l'arrosait beaucoup. Mais chaque jour, dans les trous qu'il creusait, il y avait seulement un peu de coton, pas d'euros. Il arrachait le coton chaque jour, le mettait dans un sac et plantait l'euro encore une fois. Chaque jour, Bouffon était désespéré parce qu'il creusait un autre trou, plantait l'euro et l'arrosait soigneusement. Mais chaque jour, pas d'euros, seulement un tas de coton ! Il avait cru pouvoir donner un tas d'euros à sa mamie pour sa dentelle, mais dans les trous qu'il creusait et arrosait, il y avait seulement du coton. Quel malheur !

Finalement, il a décidé de rentrer à la maison sans euros. Il pleurait dans un trou qu'il avait creusé par terre. Son papi ne l'a pas entendu parce qu'il était sourd, mais sa Mamie l'a entendu pendant qu'elle faisait sa dentelle. Elle ne pouvait pas croire que Bouffon pleurait. Alors elle est sortie de la maison et lui a demandé : « Bouffon, pourquoi pleures-tu ? » Mais pendant qu'il lui expliquait, sa Mamie a remarqué le grand sac de coton, et elle a crié : « Yippee, Skippee ! Un tas de coton ! Maintenant, je pourrai faire de la belle dentelle moi-même. Je pourrai faire des coiffes de dentelle très chic, et je pourrai les vendre au marché tous les jours. Je ne peux pas croire que tu as creusé la terre, que tu as planté du coton, et que tu l'as arrosé chaque jour pour ta mamie. Tu es un garçon très gentil. Maintenant, Mamie va te préparer un sandwich au chocolat. Merci pour la belle surprise ! »

Bouffon ne parvenait pas à croire que sa grand-mère était si heureuse alors qu'il n'avait pas d'euros, mais tout est bien qui finit bien !

Chapitre sept : Madame Maladroite

Activités

√ Vrai(V) ou Faux (F) ?

1. _____ Bouffon est intelligent.

2. _____ Bouffon habite en Bretagne.

3. _____ Ses parents sont riches.

4. _____ Bouffon a beaucoup de copains.

5. _____ Son grand-père est aveugle.

6. _____ Bouffon plante du coton.

7. _____ Mamie fait des tartes chaque jour.

8. _____ Les parents de Bouffon lui permettent de marcher en ville.

9. _____ Mamie achète de la dentelle à Walmart.

10. _____ Mamie prépare un sandwich au chocolat pour Bouffon.

Révision

√ Remplis les espaces comme si tu étais Bouffon.

je plantais	je m'ennuyais	je croyais
j'arrosais	je suis allé	je ne pouvais pas croire

Je m'appelle Bouffon. Je suis sympa, mais un peu bête. Du moins, c'est ce qu'on dit dans le village, mais moi 1)_____ que j'étais très intelligent. Alors, quand 2)_____, je voulais aller en ville. Mais mes parents ne me permettaient jamais d'y aller. Imagine ! Ils pensaient que j'étais toujours leur petit bébé !

3)_____ ça, mais c'était vrai. Quel malheur ! Alors je marchais dans le champ près de notre ferme un jour, et tout à coup, j'ai vu des graines de maïs. Quelle chance ! Chaque jour après ça, 4) _____ les graines et 5)_____ bien les graines.

6) _____ que le maïs pousserait et que je pourrais monter très haut. Après tout, 7)_____ dans mon petit village ! Mais le maïs que 8)_____ et que 9) _____ chaque jour a poussé tellement haut, que quand je suis monté, je suis tombé et je me suis cassé la jambe. Quel autre malheur ! 10) _____ que j'allais m'ennuyer encore une fois parce que j'avais la jambe cassée. La vie est dure !

Lecture Culturelle : La Bretagne

La Bretagne est une péninsule au nord-ouest de la France, au bord de l'océan Atlantique. Une grande partie de la population est d'origine celte, mais malheureusement, l'ancienne langue de la région, le breton, semblable à la langue celte, commence à disparaître dans le monde moderne. Avec l'océan Atlantique de trois côtés, les habitants vivent des produits de la mer. En fait, la plupart du poisson mangé en France y est pêché. S'il y avait un accident maritime où l'huile se répandait dans la mer, ce serait donc un désastre pour tous les Français ainsi que pour les Bretons.

Le climat de la Bretagne est très doux et permet de cultiver des fleurs et des légumes en toutes saisons. Ils sont exportés dans toute la France.

La Bretagne est célèbre pour ses Pardons, un genre de pèlerinage religieux. À cette occasion, on porte le costume traditionnel qui, pour les femmes bretonnes, comprend une coiffe blanche en dentelle faite à la main et que l'on porte sur la tête avec fierté. Cette région est plus conservatrice que la plupart des provinces de France. On y préserve les traditions des anciens temps.

La petite ville de Carnac est célèbre pour ses quelques 3.000 menhirs, monuments constitués d'un bloc de pierre vertical, ainsi que par ses dolmens qui étaient probablement des tombeaux. Les origines sont en effet mystérieuses et nous font penser à Stonehenge en Angleterre.

que ce serait√ Répondez à ces questions :

1. Explique les mots suivants :

   a. Une coiffe

   b. Un pardon

   c. Un dolmen

2. Pourquoi est-ce que ce serait un désatre pour toute la France s'il y avait un accident maritime sur la côte bretonne ?

3. Pourquoi le climat de la Bretagne est-il doux ?

Mini-conte C

une mouche	le balai/balayait
a atterri	le patron
il a eu des ennuis	une bonne

Il était une fois une bonne belge. La bonne vivait depuis cinq ans à Bruxelles, avec sa meilleure amie, une mouche. La bonne et la mouche s'étaient rencontrées un jour quand la bonne était en train de balayer. La mouche avait atterri sur le balai de la bonne. La mouche avait parlé avec la bonne. Elles étaient devenues de très bonnes amies. La bonne aimait beaucoup la mouche et la mouche aimait beaucoup la bonne. La mouche suivait la bonne partout. Chaque jour, dès que la bonne commençait à travailler, la mouche atterissait sur son balai. La mouche accompagnait la bonne partout. La bonne n'avait jamais eu d'ennuis avec la mouche.

Malheureusement, la mouche avait beaucoup d'ennuis avec le patron de la bonne. Le patron n'aimait pas du tout la mouche. Le patron disait que la mouche était sale. Le patron ne voulait pas que la mouche accompagne la bonne chez lui tous les jours. Pourtant la bonne a supplié son patron : « S'il vous plaît. Laissez-moi balayer avec la mouche sur mon balai.

Vous n'aurez pas d'ennuis avec elle ! » Mais le patron a fait semblant de ne pas l'entendre. Il a essayé de frapper la pauvre mouche. La bonne était fâchée. Elle s'est dit : « Mon patron aura des ennuis s'il continue à frapper ma mouche ! »

Le patron était un homme très désordonné. Ses vêtements étaient déchirés. Le patron avait presque autant d'argent que Bill Gates, mais il ne rangeait jamais sa chambre. Le patron avait toujours beaucoup d'ennuis avec ses bonnes. Il avait du mal à les garder. La maison du patron était très grande et très désordonnée. Les bonnes devaient balayer beaucoup de pièces. Pourtant le patron n'était pas généreux. Il ne les payait pas beaucoup.

Un jour, la bonne était en train de balayer, comme d'habitude. Comme d'habitude, la mouche a atterri sur le balai de la bonne. Et comme d'habitude, la mouche et la bonne ont eu des ennuis avec le patron. Le patron est entré dans la pièce. Il a crié : « Les mouches sont interdites ici ! Les mouches m'ennuient ! » Le patron a essayé de frapper la pauvre mouche. La mouche a crié : « Laissez-moi tranquille ! » et elle a atterri sur la tête du patron. La bonne était tellement fâchée qu'elle a laissé tomber son balai par terre. Elle s'est approchée de la mouche et elle lui a demandé : « Voudrais-tu aller à Monaco ? Nous avons trop d'ennuis ici en Belgique ! » La mouche est devenue folle de joie. Elle a crié : « Sans blague ? Allons-y ! »

La mouche et la bonne se sont éloignées du patron. La mouche a atterri sur la tête de la bonne. La bonne et la mouche sont allées à Monaco. Quand l'avion a atteri à Monte Carlo, la bonne et la mouche sont descendues de l'avion. Elles sont allées à la plage. Elles ont nagé dans la mer Méditerranée. Elles se sont bien amusées. Elles n'ont plus eu d'ennuis. Elles ne sont jamais retournées en Belgique. Elles sont restées à Monaco. Quel bonheur !

√ Answer the following questions about Mini-Conte C :

1. Qui a atterri sur le balai de la bonne ?

2. La bonne n'a jamais eu d'ennuis avec la mouche. Mais la mouche a eu des ennuis.
   Avec qui ?

3. Est-ce que le patron avait autant d'argent que Bill Gates ?

4. Pourquoi la bonne et la mouche ont-elles quitté la Belgique ?

5. Où la mouche et la bonne sont-elles allées ?

6. Où la mouche et la bonne ont-elles nagé ?

Mini-Conte C Révision

Il y avait une mouche très riche qui vivait depuis dix ans à Monte Carlo à Monaco. La mouche était belge. Elle avait quitté la Belgique et elle était venue à Monaco pour éviter les taxes. La mouche avait autant d'argent que Bill Gates et sa maison était aussi grande que celle de Bill Gates. La mouche avait autant de bonnes que Bill Gates . La mouche avait quatorze bonnes !

Pourtant, la mouche n'était pas sympathique. Les bonnes avaient beaucoup d'ennuis avec leur patronne !

Chaque jour, les bonnes devaient balayer la maison de leur patronne. Dès que les bonnes commençaient à travailler, la mouche atterrissait sur chaque balai. Elle leur disait : « Dépêchez-vous ! Ne pouvez-vous pas balayer plus vite ? Vous balayez plus lentement que des escargots ! » Les bonnes avaient beaucoup d'ennuis avec la mouche. La mouche n'était pas du tout sympathique ! D'ailleurs, elle se conduisait très mal.

Un jour, alors que la mouche était en train de nager dans la mer Méditerranée, les bonnes ont cassé tous les balais en plusieurs morceaux. Quand la mouche est rentrée, elle s'est rendu compte que la maison n'était pas encore en ordre. Il y avait des morceaux de balai partout et les bonnes étaient en train de regarder un feuilleton à la télé tout en faisant semblant de dormir. La mouche s'est plainte. Elle a crié : « Qui a cassé les balais ? » Les bonnes ont répondu : « Ce n'est pas nous ! » Pourtant la mouche ne les a pas crues. Elle savait que ce n'était pas vrai.

La mouche est allée dans un magasin pour faire des achats. Elle a acheté quatorze nouveaux balais. Elle a donné un nouveau balai à chaque bonne. Elle leur a aussi donné 800 euros. Les bonnes n'ont plus eu d'ennuis avec leur patronne.

√ Vrai (V) ou Faux (F) ?

1. _____ La mouche était belge.

2. _____ La maison de la mouche était moins grande que celle de Bill Gates.

3. _____ Les bonnes avaient des ennuis avec la mouche.

4. _____ La mouche se conduisait très bien.

5. _____ La mouche a cassé les balais.

6. _____ La mouche est retournée en Belgique.

√ Draw illustrations for the revision. Then, using your illustrations and the guide-words below, retell the story to a partner.

une mouche qui vivait	beaucoup d'ennuis	elle s'est rendu compte
autant d'argent	devaient balayer	la mouche a acheté
aussi grande que celle	a atterri	la mouche leur a donné
quatorze bonnes	ont cassé	

Lecture Culturelle : Monaco

Monaco est un petit pays qui se trouve entre la France et l'Italie. Monaco est le plus petit état européen après le Vatican. Ce petit pays indépendant et souverain se trouve au pied des Alpes du Sud, au bord de la mer Méditerranée, donc entre mer et montagne. Le climat est doux l'hiver et assez chaud l'été. Il y a toujours beaucoup de soleil. C'est la destination préférée des voyageurs sur la Côte d'Azur. Les stations de ski des Alpes du Sud sont à moins d'une heure de voiture.

La dynastie des Grimaldi est à la tête de la principauté depuis sept siècles. Une Américaine, la Princesse Grace, née Grace Kelly, est venue à Monaco pour tourner un film. Elle a fait la rencontre du Prince Rainier. Éventuellement, elle l'a épousé. Ils ont eu trois enfants, Caroline, Stéphanie et Albert. Le Prince Rainier est mort en 2005 et c'est son fils, le Prince Albert qui règne aujourd'hui.

La langue officielle est le français. L'unité monétaire est l'euro. La religion catholique est la religion officielle. La Fête Nationale est célébrée le 19 novembre. Monaco a ses propres timbres-poste.

Le Grand Prix de Monaco est un événement de sport automobile connu partout dans le monde. Le Grand Prix a lieu au printemps. C'est le plus dur et le plus dangereux du Monde de Formule 1. Tous les pilotes rêvent de gagner ce prix !

Si tu vas un jour à Monaco, tu nageras dans la mer Méditerranée. Tu bronzeras sur les belles plages de Monaco et tu verras peut-être le Prince Albert, la Princesse Caroline ou la Princesse Stéphanie.

Questions personnelles :

1. As-tu déjà visité la principauté de Monaco ?

2. Qu'est-ce que tu aimerais faire si tu allais à Monaco ?

3. Aimerais-tu devenir prince ou princesse ?

4. Aimerais-tu assister au Grand Prix de Monaco ?

Mini-conte D

le salon	allait avoir quinze ans
le feuilleton	a laissé tomber
il l'a pris	ne savait pas

Une fille qui s'appelait Margo allait avoir quinze ans dans deux mois. Elle avait un petit frère malin qui s'appelait Démon. Démon allait avoir dix ans dans deux jours. Ils se disputaient tous les deux fréquemment parce que Margo allait avoir quinze ans alors que Démon n'allait avoir que dix ans. Ils se disputaient surtout au sujet du téléviseur. Il n'y avait qu'un téléviseur dans la maison et il n'y avait qu'une télécommande. Les deux ne savaient que faire, sauf se disputer tous les jours.

Chaque jour, Margo se dépêchait de rentrer du lycée parce qu'elle était complètement folle de feuilletons. Elle allait avoir quinze ans et elle voulait toujours regarder les feuilletons à la télé. Elle laissait tomber son sac à dos par terre et elle laissait tomber sa veste par terre. À vrai dire, il n'y avait pas de feuilletons qu'elle n'aimait pas, mais son feuilleton préféré était « Amour sans fin » avec Guy Lebeau. Elle devenait folle en le regardant chaque après-midi. Elle écrivait son nom entouré d'un cœur sur ses bras. Démon était désespéré. Bien qu'il se dépêchait de descendre de l'autobus aussi vite que possible, il n'arrivait jamais avant Margo, qui laissait tomber son sac à dos par terre et qui laissait tomber sa veste par terre pour pouvoir regarder ses feuilletons sans perdre de temps. Elle prenait toujours la télécommande avant qu'il n'arrive.

Démon était fana de baseball. Il était surtout fou des Boston Red Sox. Il portait toujours des chaussettes rouges et une casquette avec un énorme « B » dessus. Mais il ne savait pas comment faire pour regarder le baseball à la télé puisque Margo prenait la télécommande et ne la lui donnait pas. Il n'y avait pas d'autres télécommandes dans la maison et Démon ne savait pas comment l'arracher des mains de sa sœur, qui était collée à l'écran, admirant son bien-aimé Guy Lebeau ! Comme Démon allait avoir dix ans dans deux jours, les feuilletons l'ennuyaient. Il s'ennuyait de sa sœur bizarre qui soupirait comme une folle chaque fois qu'elle voyait Guy sur l'écran. Pouah ! Que c'était dégoûtant ! Il avait pris la télécommande une fois et l'avait laissé tomber dans un bol de glace, mais Margo l'avait reprise tout de suite et ne l'avait jamais plus laissé tomber.

Un jour, Démon a vu l' annonce d'un concours dont le premier prix serait un téléviseur plasma gigantesque ! Comme il n'y avait qu'un téléviseur dans le salon, Démon a envoyé le nom de sa sœur, espérant gagner le premier prix, et ainsi il y aurait deux téléviseurs dans la maison.   Il allait avoir dix ans dans deux jours et il voulait regarder le baseball à la télé, pas les feuilletons ridicules de sa sœur, qui ne laissait jamais tomber la télécommande.

Le jour de son anniversaire est arrivé et Démon était super content.   Il allait avoir une petite fête dans le parc, avec un gâteau, de la glace, et bien sûr, un match de baseball. Mais alors qu'il était sur le point de sortir de la maison, quelqu'un a frappé à la porte. C'était pour Margo. Elle ne savait pas que Démon avait envoyé son nom au concours et elle a laissé tomber le papier par terre. Démon l'a pris, et il s'est aperçu qu'elle avait gagné le deuxième prix. Démon était déçu. Il voulait le premier prix, le téléviseur gigantesque. Mais en regardant le papier qu'elle avait laissé tomber, il a vu que le deuxième prix était deux billets pour le World Series. Il était fou de joie ! Quel cadeau pour son anniversaire ! Margo ne savait pas pourquoi Démon était si heureux et elle a pris le papier de ses mains. Mais en le regardant, elle a vu que les billets étaient pour le box privé de---Guy Lebeau ! Elle ne savait pas quoi faire, et elle s'est presque évanouie ! Elle allait avoir un rendez-vous avec son cher Guy !

C'est vrai qu'il y a toujours un seul téléviseur dans le salon, mais maintenant Margo regarde le baseball avec Démon pour voir Guy Lebeau à l'écran. Tout est bien qui finit bien !

√ Répondez aux questions selon Mini-conte D.   (cont'd. on next page)

1. Pourquoi Margo et Démon se disputaient-ils fréquemment ?

2. Qu'est-ce que Démon voulait regarder ?

3. Que préférait Margo ? Pourquoi ?

4. Est-ce que tu perds la télécommande quelquefois ? Où est-ce que tu la trouves la plupart du temps ?

5. Quelles émissions préfères-tu ? Pourquoi ?

√ **Create an original story about a lost or stolen remote control. Write the story from the first person perspective and use a minimum of 150 words.**

_____

_____

_____

_____

_____

_____

_____

_____

_____

_____

_____

_____

_____

_____

_____

_____

Lecture Culturelle : Carcassonne

Carcassonne est une ville fortifiée. Elle se trouve dans la région de l'Aude, autrefois nommée le Languedoc, qui se trouve à 56 milles au sud de Toulouse, entre les Pyrénées et le Massif Central. En fait, elle se trouve au croisement de deux routes importants : entre l'Océan Atlantique et la Mer Méditerranée, autant qu'entre le Massif Central et l'Espagne.

Carcassonne est divisées en deux parties : la ville fortifiée, et la plus moderne, la Ville Basse. On dit que cette région est habitée depuis 3.500 BC. Pendant la Restauration de Napoléon, on l'a éliminée de la liste officielle des fortifications, mais le peuple était désolé et le gouvernement français a finalement conclu qu'on devrait la restaurer. Ils ont donné ce travail à l'architecte Violet-le-Duc. Il a fait un plan très précis, qui a été terminé, après sa mort, par son associé.

Malgré leurs efforts, il semble que le plan ne soit pas tout à fait authentique selon d'autres plans de temps anciens, mais c'est malgré tout un chef-d'œuvre qu'on ne doit pas oublier de voir en visitant cette belle partie de la France.

√ Vrai (V) ou Faux (F) ?

_____1. Carcassonne est située dans le nord de la France.

_____2. Napoléon détestait Carcassonne.

_____3. Le plan de Violet-Le-Duc n'est pas tout à fait authentique quand on le compare à d'autres plans anciens de Carcassonne.

_____4. La Ville Haute, soit la ville fortifiée, est la plus ancienne partie de Carcassonne.

√ Imagine that you are a writer for a travel magazine. Write a persuasive paragraph to entice people to travel to Carcassonne.

_____

_____

_____

_____

_____

_____

_____

Episode 1 :
Madame Maladroite

Episode 1 : Madame Maladroite

Il y avait une bonne très maladroite et très vieille. Elle allait avoir 99 ans ! Elle s'appelait Amélie. C'était une femme très petite avec les cheveux plus blancs que le coton. Elle travaillait pour une famille très riche de Liège, en Belgique. Mais comme elle était si vieille, elle ne travaillait presque pas. Elle ne pouvait pas croire qu'elle travaillait encore à 99 ans ! Elle passait beaucoup d'heures à regarder des feuilletons. Dès qu'elle commençait à travailler, elle se plaignait tout le temps car elle pensait que son travail était trop difficile. Presque chaque jour, elle cassait quelque chose ou bien elle laissait la maison en désordre. C'était une bonne qui n'était pas vraiment bonne !

C'était incroyable ! Chaque fois qu'elle avait des ennuis, elle avait une bonne excuse. Quelqu'un avait pris son balai ou il n'y avait pas de savon ou les enfants avaient laissé leurs chaussures par terre, et elle avait trébuché. La famille pensait qu'elle avait la pire malchance du monde. Même si elle était une bonne terrible, la famille ne s'en apercevait pas. La famille n'apprenait jamais la vérité de ce qui était arrivé lors de chaque accident.

Un jour, tout en balayant le salon, la bonne regardait son feuilleton préféré qui s'appelait Deux Cœurs. C'était un moment très émouvant dans le feuilleton. Tout à coup, une énorme mouche a atterri sur le bout du nez d'Amélie. Amélie a crié et a laissé tomber le balai. Le balai a heurté une statue ancienne qui appartenait à la grand-mère du maître de maison. La statue s'est cassée en mille morceaux. Quel malheur !

Amélie a ramassé les morceaux de la statue, elle les a mis dans un sac et elle est allée dans un atelier de réparations. Dans l'atelier, le patron a regardé la statue et a dit à Amélie : « Je peux la réparer pour 800 euros. » Amélie a failli s'évanouir quand elle a entendu le prix. Elle ne savait pas que la statue avait tant de valeur. Elle est rentrée à la maison, désespérée. Elle ne savait que faire.

Elle a eu une idée. Elle a creusé la terre dans le jardin et elle a planté les morceaux de la statue cassée. Ensuite, elle a planté une plante et elle l'a arrosée. À présent, elle avait le temps de penser à ce qu'elle allait faire….

√ Vrai (V) ou Faux (F) ?

1._____Amélie est une bonne bonne.

2._____Amélie est jeune.

3._____Amélie doit t'aider à inventer des excuses pour ton devoir perdu.

4._____La famille ne savait jamais ce qui arrivait vraiment à chaque incident.

5._____Une mouche a atterri sur le balai.

6._____Le balai a heurté un pot antique.

7._____Amélie ne s'est pas préoccupée de l'accident.

8._____Amélie a caché les morceaux dans un sac.

Fill in the following Venn diagram to compare and contrast Amélie, la bonne from the story and une bonne bonne.

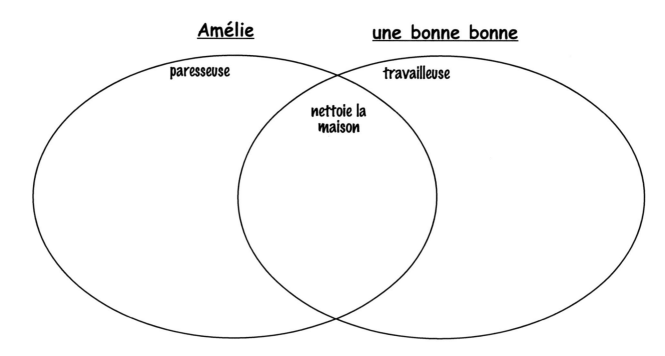

Answer the following questions.

1. Comment est Amélie ?

2. Décris ce qu'elle fait durant la journée.

3. Pourquoi est-ce qu'elle a laissé tomber le balai ?

4. Pourquoi est-ce que la statue était importante ?

5. Où est-ce qu'elle a emmené les morceaux ? Pourquoi est-ce qu'elle ne les a pas laissés là ?

6. Est-ce que la famille suspectait Amélie ? Explique.

7. As-tu jamais cassé puis caché quelque chose de valeur ? Ou bien l'as-tu cassé sans le dire ? Explique.

8. À ton prochain anniversaire, quel âge vas-tu avoir ?

Episode 1 Révision :

Use the following words to fill in the blanks to rewrite Episode 1 as if you were la bonne.

regardais	Quel malheur	ai ramassé
travaillais	savais	ai laissé tomber
ai planté	avais	à peine si je me reposais
allais avoir	ai eu	me suis évanouie
voulais	ai mis	étais
	suis retournée	

Bonjour, je m'appelle Amélie. Quand j' (1) _____ 99 ans, je travaillais enco-re. J'étais une bonne et je (2)_____ pour une riche famille à Liège, en Belgique. Mon travail était très difficile car la famille laissait toujours la maison en désordre. C'est pourquoi, quelques accidents sont arrivés. C'est (3)___ _____ _____ _____ _____ _____ parce que j'avais beaucoup de travail. Je (4)_____ regarder les feuilletons, mais je n'avais jamais le temps.

C'est incroyable ! Même si j' (5)_____ une bonne merveilleuse, j'avais la pire mal-chance au monde ! Je ne (6)_____ jamais comment ces accidents arrivaient, mais la famille ne me croyait pas.

Un jour, pendant que je balayais le salon, je (7)_____ mon feuilleton préféré, qui s'appelait "Deux Cœurs". C'était un moment du feuilleton très émouvant, quand, sou-dain, une grande mouche a atterri sur le bout de mon nez. Elle m'a piquée ! J'ai crié et j' (8)_____ _____ _____ le balai. Le balai a heurté une statue antique qui appar-tenait à la grand-mère du maître de maison. La statue s'est cassée en mille morceaux. (9)_____ _____ !

J' (10)_____ _____ les morceaux (chaque petit morceau) de la statue. Je les ai mis dans un sac et je suis allée dans un atelier de réparations. Dans l'atelier, un homme a regardé la statue et m'a dit : « Je peux la réparer pour 800 Euros. » Je (11)_____ _____ quand j'ai entendu le prix. Je (12) _____ à la maison, désespérée.

Alors, j' (13)_____ _____ une idée. J'ai caché les morceaux de la statue dans un pot dans le jardin. Puis, j' (14)_____ _____ beaucoup de terre par dessus et j' (15)_____ _____ une plante. Ainsi j'avais le temps de penser à ce que j'allais faire...

Chapitre huit :
La Bonne ou pas la bonne ?

Mini-conte A

n'avait jamais vu

un tremblement de terre

hors de

était entouré(e)

aimerais-tu aller ?

il a quitté la ville

Mini-conte B

Bien sûr !

s'est souvenu(e)

lui a fait un sourire

mentait

s'est échappé

a continué à regarder

Mini-conte C

ont volé

est parvenu

un cambrioleur

a allumé une torche

s'est senti(e) fatigué

s'est reposé

Mini-conte D

il écrasait

il lui a dit

un voisin

ça suffit

il se cassait

avaient beaucoup de valeur

Mini-conte A

n'avait jamais vu
un tremblement de terre
hors de

était entouré
aimerais-tu aller ?
il a quitté la ville

Un garçon qui s'appelait Serge n'avait jamais vu la Californie. Serge vivait dans le Kansas et n'avait jamais quitté le Kansas. Pourtant, son ami André avait déjà vu la Californie plusieurs fois. André était étonné parce que son ami Serge n'avait jamais vu la Californie et il lui a dit : « Vraiment ? Tu n'as jamais quitté le Kansas ? Tu n'as jamais vu la Californie ? Sans blague ! Aimerais-tu aller en Californie avec moi ? Aimerais-tu m'accompagner lors d'un voyage en Californie ? Quelle ville aimerais-tu visiter ? Aimerais-tu aller à Los Angeles ? Los Angeles est entourée de montagnes. C'est une belle ville ! Ou bien est-ce que tu aimerais aller à San Francisco ? San Francisco est entouré de la mer. C'est une belle ville ! »

Serge a répondu : « J'aimerais bien aller en Californie, mais j'ai peur des tremblements de terre ! Il y a beaucoup de tremblements de terre en Californie, n'est-ce pas ? » André a répondu : « Tu as peur des tremblements de terre ? Sans blague ! Ne t'inquiète pas ! Il n'y a pas souvent de tremblements de terre ! » Serge est devenu fou de joie. Il n'avait jamais vu la Californie et il avait très envie d'y aller. Alors, il a crié : « Allons-y aussitôt que possible ! Quittons le Kansas tout de suite ! »

Serge et André vivaient dans le Kansas. Le Kansas est loin de la Californie. Ils ont quitté le Kansas à minuit. Le voyage était long. Quand ils étaient en dehors du Kansas, André a dit : « Aimerais-tu aller à Denver ? Denver est entouré de montagnes. C'est une belle ville ! » Serge était content. Il n'avait jamais vu la ville de Denver. Mais dès qu'ils sont arrivés à Denver, ils ont eu des ennuis. Soudain, ils ont senti des secousses* dans la voiture. Serge a crié : « Pauvre de moi ! Un **tremblement de terre*** ! » André a conduit très vite et ils ont quitté Denver.

Quand ils étaient en dehors du Colorado, André a dit : « Aimerais-tu aller à Salt Lake City ? Salt Lake City est entouré de montagnes. C'est une belle ville ! » Serge était content. Il n'avait jamais vu la ville de Salt Lake City. Mais, dès qu'ils sont arrivés à Salt Lake City, ils ont eu des ennuis. Soudain, ils ont senti des secousses dans la voiture. Serge a crié : « Quel malheur ! Un tremblement de terre ! » André a conduit très vite et ils ont quitté Salt Lake City.

Quand ils étaient en dehors de Salt Lake City, André a dit : « Aimerais-tu aller à Las Vegas ? Las Vegas est entouré de montagnes. C'est une belle ville ! » Serge était content, mais inquiet ! Il n'avait jamais vu Las Vegas. Mais dès qu'ils sont arrivés à Las Vegas, ils ont eu des ennuis. Soudain, ils ont senti des secousses dans la voiture. Serge a crié : « Encore une fois ? Ce n'est pas vrai ! Encore un tremblement de terre ! » André a conduit très vite et ils ont quitté Las Vegas.

Quand ils étaient en dehors de Las Vegas, André a dit : « Ne t'inquiète pas. Nous arrivons en Californie. Nous serons entourés de montagnes. Tu n'as jamais vu la Californie, mais tu la verras aujourd'hui ! » Mais dès qu'ils sont arrivés en Californie, ils ont eu des ennuis. Ils ont encore senti des secousses dans la voiture. Cette fois, Serge et André ont crié ensemble : « Un tremblement de terre ! Le quatrième ! » Ils ne savaient pas quoi faire. Serge voulait quitter la voiture, mais il ne pouvait pas car elle était entourée d'autres voitures sur la route. Finalement, après trente secondes, le tremblement de terre s'est arrêté.

Et puis Serge a dit : « Je n'ai jamais vu la Pennsylvanie. Est-ce qu'il y a des tremblements de terre en Pennsylvanie ? » André lui a répondu : « Non ! J'aimerais bien y aller aussi ! Allons-y ! Quittons la Californie tout de suite ! » Les deux garçons ont laissé leur voiture en Californie. Ils sont montés dans un avion et ils ont volé jusqu'en Pennsylvanie. Ils ont quitté la Californie ensemble. Une fois hors de la Californie, Serge et André ont dit : « Quel soulagement ! »

*tremor, earthquake

Chapitre huit : La Bonne ou pas la bonne ?

Questions personnelles :

1. Quels états as-tu déjà visités ? Es-tu déjà allé en Californie ?

2. As-tu déjà ressenti un tremblement de terre ?

√ Write five true or false statements about Mini-conte A and then have a partner answer each one.

_____ 1.

_____ 2.

_____ 3.

_____ 4.

_____ 5.

Mini-conte A Révision

√ Change the following verbs in order to retell Mini-conte A as if you were Serge.

Il, elle -	a pu -
a répondu -	Je/j' -
a crié -	a dit -

Je m'appelle Serge. Je n'ai jamais vu la Californie et quand j'ai eu quatorze ans, mon ami, André, m'a demandé : « Aimerais-tu aller en Californie avec moi ? » Je lui (1)_____ : « Je ne sais pas. J'ai peur des tremblements de terre ! » André m'a dit : « Ne t'inquiète pas ! » Dès qu'André est arrivé en Californie, nous avons soudainement senti des secousses. J'(2) _____ : « Pauvre de moi ! Un tremblement de terre !» Je ne (3) _____pas sortir de la voiture car elle était entourée d'autres autos sur la route. Finalement, après trente se- condes, le tremblement de terre s'est arrêté. André a conduit rapidement et nous avons quitté la Californie. Une fois hors de la Californie, (4) j' _____ : « Quel soulagement ! »

Lecture Culturelle : Tremblements de terre

Il n'y a pas beaucoup de tremblements de terre en France, mais il y a eu un tremblement de terre terrible à la Martinique en 1902. La Martinique est une très belle île dans les Antilles. En 1635, les Français sont arrivés à la Martinique. Ils ont combattu les Indiens des Caraïbes qui étaient les premiers habitants. La Martinique est devenue française.

La ville de Saint-Pierre est devenue la ville la plus importante de la Martinique. C'était un joli port international très actif. C'était aussi une ville culturelle et artistique. On l'appelait le Paris des Antilles.

Mais Saint-Pierre était au pied de la montagne Pelée. Cette montagne est un volcan. Le volcan a explosé et la ville de Saint-Pierre a été complètement détruite. 30.000 personnes sont mortes. Quel malheur ! Il y a cependant eu un rescapé, un pauvre homme qui se trouvait en prison et qui se demandait comment il avait pu échapper au désastre.

√ **Write a short story describing an earthquake. Your story can be based on personal experience, on a historical or news report or on fiction.**

_____

_____

_____

_____

_____

_____

_____

_____

_____

_____

_____

_____

_____

_____

Mini-conte B

Bien sûr !	**mentait**
s'est souvenu(e) / se souvenait	**s'est échappé**
lui a fait un sourire	**a continué à regarder**

Il y avait une fille nommée Sandrine qui ressemblait énormément à Julia Roberts. Bien sûr elle était plus jeune que Julia (elle allait bientôt avoir dix-huit ans!), mais dès qu'elle passait dans la rue, elle était entourée de personnes qui la regardaient. Personne n'arrivait à croire que c'était Julia Roberts qui marchait dans les rues de leur ville, sans limousine et sans son entourage. Les gens continuaient à la regarder et elle leur faisait un sourire. Sandrine mentait beaucoup et quand ils continuaient à la regarder, elle leur disait se souvenir d'un rendez-vous chez sa coiffeuse, et elle s'échappait. Bien sûr qu'elle mentait, car elle leur disait que sa coiffeuse se trouvait à Hollywood ! Bien sûr que ce n'était pas vrai non plus puisque Sandrine mentait toujours.

En route, un groupe de touristes a continué à la regarder, et comme d'habitude, elle leur a fait un sourire. Comme ils ne pouvaient pas croire que c'était Julia Roberts, puisqu'elle elle mentait encore, elle leur a dit encore une fois se souvenir d'un rendez-vous dans sa boutique préférée où elle devait acheter des vêtements Prada. Elle leur a fait un sourire, et comme d'habitude, elle s'est échappée. Bien sûr qu'elle mentait, mais elle voulait s'échapper. Elle ne voulait pas être entourée d'étrangers chaque fois qu'elle faisait une promenade. Sandrine avait un tas d'ennuis à cause de sa ressemblance à Julia Roberts. Quel malheur !

Un jour, Sandrine avait besoin d'aller à l'atelier de réparations de voitures. Sa Peugeot rouge était en panne. Dès qu'elle essayait de démarrer, sa voiture faisait un bruit épouvantable ! On aurait dit qu'il y avait un tremblement de terre ! Elle s'est souvenue qu'il y avait un atelier de réparations au coin de la rue près de son salon de beauté. Quand elle y est arrivée, le patron l'a regardée pendant plusieurs minutes. Il ne pouvait pas croire qu'il y avait une vedette comme Julia Roberts dans son atelier. Il se souvenait de tous ses films, et il lui a fait un énorme sourire. Sandrine lui a fait un sourire aussi, mais quand il lui a demandé si elle était vraiment Julia Roberts, elle lui a répondu : « Bien sûr ! » Souviens-toi qu'elle mentait toujours !

Tout à coup, elle était entourée de mécaniciens. Ils ont tous laissé tomber leurs outils et leurs balais. Ils l'ont entourée et ils ont continué à la regarder pendant plusieurs minutes. Ils avaient du mal à croire que Julia Roberts était dans leur atelier. Ils ne pouvaient pas croire non plus que Julia Roberts conduisait une Peugeot et pas une Rolls Royce ou une Cadillac. Bien sûr que tous les mécaniciens admiraient Julia, et bien sûr donc que Sandrine ne voulait plus s'échapper. Tous les mécaniciens étaient plus beaux que Guy Lebeau, la vedette du feuilleton « Amour sans fin », son feuilleton préféré.

Mais tout à coup, le programme Oprah est apparu à l'écran de la télé dans l'atelier. Et qui parlait avec Oprah ? Oh non ! C'était Julia Roberts ! Sandrine, qui mentait toujours, bien sûr ne savait que faire. Elle s'est souvenue trop tard que Julia serait à la télé cet après-midi-là. Elle s'est échappée sans leur faire de sourire, et les mécaniciens ne lui ont pas fait de sourire non plus. Ils ont continué à regarder Julia Roberts à la télé. Quel malheur pour Sandrine !

√ Répondez aux questions selon Mini-conte B.

1. Quel âge avait Sandrine ?

2. Pourquoi sa ressemblance à Julia Roberts causait-elle des ennuis à Sandrine ?

3. Quelle marque de voiture Sandrine conduisait-elle ?

4. Pourquoi Sandrine était-elle restée avec les mécaniciens ?

5. Pourquoi Sandrine s'est-elle échappée soudainement du garage ?

Chapitre huit : La Bonne ou pas la bonne ?

Révision - Les Mad Libs !

√ Fill in the blanks with the word(s) your partner tells you, according to how each blank is labeled.

Je m'appelle (1) _____ , et j'ai deux problèmes. Premièrement, je res-
un prénom

semble à (2) _____ . Deuxièmement, je mens toujours quand je suis
quelqu'un de célèbre

(3)_____. Un jour, ma voiture était en panne. Ma voiture est une
un adjectif, gérondif ou endroit

(4)_____ de couleur (5) _____. Je l'adore ! C'est ma
une marque d'auto   une couleur

propre voiture. J'ai payé (6) _____ dollars pour ma voiture. J'ai eu
un nombre

des ennuis à gagner l'argent, mais enfin j'ai commencé à travailler à (7) _____.
un lieu d'emploi

Je gagne (8) _____ dollars de l'heure et je travaille (9) _____
un nombre   un nombre

heures par semaine.

Donc je suis allée à l'atelier de réparations parce que, comme je le disais, mon auto était

en panne. Un mécanicien s'est approché de moi. Il était très

(10) _____, et il s'appelait (11) _____. Il ne
un adjectif   un prénom d'homme

croyait pas que j'étais (12) _____ ! Je lui ai dit :
même que #2

« (13) _____ ! » Mais il s'est souvenu que (14) _____
expression   même que #2

travaillait sur un film à (15) _____, et il a continué à me regarder.
un endroit

J'ai essayé de m'échapper, mais le mécanicien a crié : « (16) _____ ! »
expression

168

Lecture Culturelle :
Champagne

Quand on pense au mot Champagne, on pense immédiatement au vin pétillant (sparkling) produit en France. Mais Champagne est aussi le nom de la région où on produit ce vin extraordinaire. La Champagne se trouve au nord-est de la France. Son nom vient du mot latin « campania » qui veut dire « plaine » (plain). Lieu de beaucoup de foires, c'est ici dans la magnifique cathédrale de Reims, une grande ville de Champagne, qu'on a couronné les rois de France pendant plusieurs siècles.

A votre santé !

La cathédrale de Reims

À la fin du 17ème siècle, le moine Dom Pérignon avait la responsabilité des vins du monastère de Hautvillers, près de Reims. La légende raconte qu'un jour, il versa accidentellement du sucre dans le vin, et tout à coup, des bulles ont commencé à se former dans le vin. Il **l'a goûté*** pour voir s'il avait détruit le vin et a crié aux autres moines : « Venez vite. Je bois des étoiles ! » Il faisait référence aux bulles de gaz provenant de la fermentation.

Sais-tu que seulement le champagne de cette région de France peut être appelé « champagne » ? Les autres doivent être nommés « vin pétillant ». Mais n'oublie pas que les boissons alcooliques sont pour les adultes, pas les ados !

Et un autre petit fait intéressant : sais-tu pourquoi on trinque, (c'est à dire qu'on choque légèrement son verre contre celui de quelqu'un) quand on boit à la santé de quelqu'un au début des repas ? Du temps des rois, il y avait toujours des traîtres qui essayaient d'empoisonner le roi. Pour y remédier, toutes les personnes attablées trinquaient et versaient un peu de vin dans chaque verre. Ainsi, s'il y avait du poison, même le traître serait empoisonné !

*tasted

Mini-conte C

ont volé	est parvenu	s'est senti(e) / se sentait fatigué
s'est reposé	un cambrioleur	il a allumé une torche

    C'était une nuit d'hiver très obscure et la famille Dupont était sortie de la maison. Ils étaient tous allés au cinéma. Puisqu'ils étaient en retard, ils s'étaient dépêchés et avaient oublié de fermer la porte à clé. Puisqu'ils voulaient arriver au cinéma aussitôt que possible, ils ne s'étaient pas aperçus qu'ils avaient laissé la porte ouverte. Quel malheur !

    Vers sept heures et demie, pendant qu'ils étaient au cinéma, un cambrioleur s'est approché de leur maison. Il faisait très froid dehors. Le cambrioleur avait attrapé un rhume. Il avait laissé son mouchoir chez lui. Le cambrioleur se sentait malade. Le cambrioleur avait envie de voler un mouchoir et une boisson chaude.

    D'abord, le cambrioleur a essayé d'ouvrir une fenêtre. Mais la fenêtre était fermée. Le cambrioleur a essayé une autre fenêtre, mais cette fenêtre était fermée aussi ! D'ailleurs toutes les fenêtres étaient fermées. Le cambrioleur s'est senti fatigué et il s'est reposé pendant quelques minutes. Pourtant, quand il a essayé la porte, il est parvenu à l'ouvrir ! Il est entré dans la maison.

    Quand le cambrioleur est entré dans la maison, il ne pouvait rien voir car la maison était très obscure. D'abord le cambrioleur a heurté une chaise, puis il a trébuché et puis, il est tombé. Le cambrioleur se sentait malade. Le voleur se sentait fatigué. Le cambrioleur s'est reposé pendant quelques minutes avant de continuer. Puisque la maison était tellement obscure, le cambrioleur a allumé une torche.

    Comme le cambrioleur était enrhumé et qu'il avait laissé son mouchoir chez lui, il a cherché un mouchoir dans la salle de bains. La salle de bains était très obscure, donc le cambrioleur a utilisé sa torche. Il est parvenu à trouver une grande boîte de mouchoirs et il en a volé deux. Il s'est mouché (blew his nose). Il s'est senti un peu mieux. Puisque le cambrioleur avait soif, il est entré dans la cuisine. Il a cherché une boisson dans le réfrigérateur. Le cambrioleur est parvenu à trouver une boisson dans le frigo. Il l'a volée et il l'a bue. Mais la boisson volée était trop froide. Donc le cambrioleur a volé un chocolat chaud. Il a bu le chocolat chaud et il s'est senti mieux. Il s'est peut-être senti mieux, mais il s'est senti fatigué aussi.

Le cambrioleur se sentait tellement fatigué qu'il a voulu se reposer. Donc il a cherché un lit. Mais quand il était en train de monter l'escalier, l'escalier était tellement obscur que le cambrioleur a trébuché et il est tombé dans l'escalier. Encore une fois le cambrioleur a allumé sa torche. Cette fois il est parvenu à monter les marches sans tomber.

Le cambrioleur se sentait très fatigué et il voulait se reposer. Il a cherché un lit. La chambre était tellement obscure que le cambrioleur n'a pas vu le lit. Encore une fois, il a allumé la torche. Quel bonheur ! Il a trouvé un grand lit. Il s'est couché dans le lit, mais il n'a pas pu se reposer parce que le lit était trop dur. Quel malheur !

Dans la deuxième chambre, le cambrioleur a allumé sa torche et il a trouvé un petit lit parfait. Il voulait se reposer car il se sentait très fatigué et il s'est couché dans le lit. Il s'est endormi. Pendant qu'il dormait, la famille est revenue à la maison. La famille a appelé la police. Quand la police est arrivée, le cambrioleur a menti. Il a crié : « Ce n'est pas moi ! » Mais la police l'a emmené en prison où il a eu beaucoup de temps pour se reposer. Le cambrioleur fatigué s'est reposé en prison pendant huit ans !

√ Répondez à ces questions :

1. Où est allée la famille Dupont ?

2. Qu'est-ce que le cambrioleur a volé ?

3. Pourquoi est-ce que le cambrioleur voulait voler un mouchoir ?

4. Le cambrioleur a allumé sa torche. Pourquoi ?

5. Le cambrioleur se sentait fatigué et il s'est couché dans un grand lit, mais il n'est pas resté dans le lit. Pourquoi ?

6. Où le cambrioleur s'est-il reposé pendant huit ans ?

Mini-conte C Révision

Il y avait un garçon qui avait quinze ans. Le garçon n'avait ni frère, ni sœur. Le garçon était très gentil. Ses parents l'aimaient beaucoup. Pourtant il y avait un très gros problème. La chambre du garçon était très obscure. Le garçon avait très peur de se coucher dans sa chambre obscure. Il avait honte, mais dès qu'il entrait dans sa chambre obscure, il commençait à trembler. Il ne pouvait pas dormir. Il se sentait toujours fatigué, mais il ne parvenait pas à se reposer dans sa chambre obscure.

Le garçon est allé au magasin pour faire un achat. Il a acheté une torche. Il a caché la torche sous son lit. Il n'était plus inquiet. Il savait qu'il pourrait allumer la torche s'il avait peur. Il s'est senti fatigué et il s'est endormi.

Vers minuit, le garçon s'est réveillé. Il avait entendu un bruit. Il ne voyait rien parce que la chambre était très obscure. Il a sorti la torche et il a essayé de l'allumer. Mais quel malheur. La torche était en panne ! Le garçon était sûr qu'un cambrioleur était dans la chambre.

Le garçon voulait frapper le cambrioleur avec la torche. Il s'est levé et il s'est approché de l'endroit où il avait entendu le bruit. Tout à coup, le garçon a trébuché et il est tombé. Puis il a entendu quelque chose. Ce n'était pas un cambrioleur. C'était son chien. Il a aboyé plusieurs fois. Le garçon s'est rendu compte que le chien était là pour le protéger. Le garçon n'avait plus peur. Tout est bien qui finit bien !

√ Vrai(V) ou Faux (F) ?

1._____ Le garçon avait vingt ans.

2._____ Le garçon ne pouvait pas se reposer parce que son lit était trop dur.

3._____ Le garçon est allé au magasin pour acheter une torche électrique.

4._____ La torche était en panne.

5._____ Le garçon a frappé le cambrioleur avec la torche.

6._____ Le chien a aboyé.

Lecture Culturelle : Le mystérieux prisonnier

La famille Dupont a trouvé un cambrioleur chez eux quand ils sont rentrés du cinéma. Est-ce qu'il y a beaucoup de crimes en France ? Est-ce qu'il y a des prisonniers célèbres ? Le prisonnier le plus mystérieux et le plus célèbre est « L'Homme au Masque de Fer » Est-ce que tu as entendu parler de lui ? Est-ce que tu as vu le film avec Léonardo di Caprio ? As-tu lu le livre d'Alexandre Dumas ?

Qui était ce mystérieux prisonnier ? On sait que sous le règne de Louis XIV, un homme est resté enfermé en prison pendant trente ans au Fort de Pignerol sur l'Ile Sainte-Marguerite. Ce prisonnier était masqué et caché. Puis, on l'a envoyé à la Bastille où il est mort en 1703.

On dit que le prisonnier était peut-être un frère jumeau du Roi Louis XIV, mais on ne le saura jamais. De toute façon, on sait que ce n'était pas le même cambrioleur qui s'est reposé chez les Dupont.

√ **Write an original story about what happened when you encountered a burglar upon arriving at your home.**

_____

_____

_____

_____

_____

_____

_____

_____

_____

_____

_____

_____

_____

_____

Mini-conte D

il écrasait	ça suffit
il lui a dit	il se cassait
un voisin	avaient beaucoup de valeur

Une femme très riche qui s'appelait Diamant habitait un quartier très élégant dans la banlieue de Paris. Elle était plus riche que Bill Gates. Elle possédait chez elle un tas de choses qui avaient beaucoup de valeur. Elle avait aussi une petite chienne blanche un peu coquine qui s'appelait Lucie. Lucie était un joli bichon frisé.

Diamant avait des problèmes avec son nouveau voisin, un chanteur de rock très célèbre qui s'appelait René Crie-Fort. Tous les ados l'adoraient, mais malheureusement pas sa voisine Diamant. Chaque fois qu'il était chez lui, il chantait si fort que tous les biens de Diamant qui avaient beaucoup de valeur se cassaient. Quand son voisin chantait le matin, son cristal de Baccarat qui avait beaucoup de valeur se cassait. Elle est allée chez son voisin et elle lui a dit : « Ça suffit ! Mon cristal qui a beaucoup de valeur est cassé ! » Son petit chien Lucie qui la suivait a écrasé les fleurs dans le jardin de René Crie-Fort. René lui a dit : « Ça suffit ! Ton chien écrase mes fleurs ! ».   Il aimait son jardin autant que de crier à haute voix. Son jardin avait beaucoup de valeur pour lui.

L'après-midi, le voisin de Diamant a chanté, et la vaisselle de Limoges, qui avait beaucoup de valeur, s'est cassée. Diamant est allée encore une fois chez René Crie-Fort et elle lui a dit : « Ça suffit ! Ma vaisselle de Limoges qui a beaucoup de valeur s'est cassée ! » Et encore une fois, Lucie a écrasé les fleurs de René Crie-Fort qui avaient beaucoup de valeur pour lui. Donc il a dit a Diamant : « Ça suffit ! Ton sale chien a écrasé mes fleurs encore une fois ! »

Le soir, alors que son voisin continuait à chanter, Diamant s'est aperçue que son miroir du 16ème siècle qui avait beaucoup de valeur s'est cassé. Elle s'est mise à pleurer, et Lucie s'est mise à aboyer très fort. Elle aboyait si fort que la guitare du voisin, qui elle aussi avait beaucoup de valeur, s'est cassée. René était furieux, et il est allé chez Diamant et il lui a dit « Ça suffit ! Ma guitare qui avait beaucoup de valeur s'est cassée ! Et en plus, ton sale chien a écrasé mes fleurs précieuses qui ont beaucoup de valeur pour moi. »

Tout à coup, Diamant a eu une idée. Elle a dit à son voisin : « J'ai une idée. Quand tu seras chez toi, Lucie restera à la maison et donc elle n'écrasera pas tes fleurs qui ont beaucoup de valeur pour toi. Et quand tu seras dans ta maison, tu ne chanteras pas si fort et ainsi tu ne casseras pas mes objets qui ont beaucoup de valeur. » Maintenant tout va bien dans le voisinage de Diamant. Elle a acheté des vases qui ont autant de valeur pour elle que les fleurs pour René Crie-Fort, et René Crie-Fort a écrit une chanson pour sa voisine, intitulée « Lucie dans le ciel avec Diamant ».

√ Répondez à ces questions :

1. Est-ce que cette chanson est originale ? Pourquoi pas ?

2. Qui a écrit cette chanson ?

3. Quel chanteur préfères-tu ?

4. Aimerais-tu être un chanteur célèbre comme René Crie-Fort ?

5. Décris la maison d'un chanteur célèbre.

Lecture Culturelle : Baccarat et Limoges

Quand Diamant voulait préparer un dîner élégant, bien sûr qu'elle ne pensait pas à mettre le couvert avec des assiettes en papier ou en plastique. Ça, c'est plutôt pour un pique-nique !   Elle voulait mettre la table avec ses assiettes et ses verres qui avaient beaucoup de valeur. Donc, elle sortait ses verres de Baccarat et sa vaisselle en porcelaine de Limoges.

L'usine de verrerie de Baccarat a été fondée en 1764 avec la permission, bien sûr, du roi Louis XV. Elle a été établie dans la petite ville de Baccarat, en Lorraine, à 250 miles à l'est de Paris, par l'évêque (bishop) de Metz. Il voulait encourager l'industrie dans cette petite ville. L'usine fabriquait toutes sortes de verrerie utile et en même temps décorative. L'usine a même survécu à la Révolution Française en 1789 mais a souffert un peu pendant les guerres de Napoléon au commencement du 19ème siècle.

En 1815, un Parisien qui possédait une usine à Vonèche, en Belgique, a acheté l'usine de Baccarat afin de servir sa clientèle française sans payer d'impôts. Cette nouvelle compagnie a développé des techniques pour créer un cristal de plomb (lead crystal) de très haute qualité et qui a beaucoup de valeur. On pourrait le comparer au cristal de Waterford d'Irlande ou de Steuben des Etats-Unis. En 1823, ils ont reçu une commission du roi Louis XVIII, ainsi qu'une médaille d'or à l'Exposition de Paris en 1855. Le cristal de Baccarat a connu un grand essor au 19ème siècle (developed rapidly) grâce à des commandes importantes venues surtout des Tsars qui faisaient une grande consommation du plus beau cristal du monde. Grâce aux expositions universelles, la renommée (renown) des chefs-d'œuvre de Baccarat est devenue internationale. 70% des produits sont exportés dans 90 pays du monde.

Aujourd'hui, Baccarat produit aussi des bijoux et des parfums, et depuis 2005, il y a 15 boutiques Baccarat aux États-Unis. Est-ce qu'il y en a une dans ta ville ?

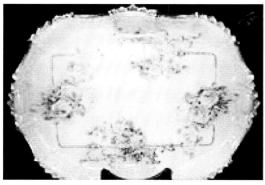

Avant le 18ème siècle, on ne trouvait de la porcelaine qu'en Chine où il y avait du kaolin, la substance indispensable pour la fabrication de la porcelaine. Le mot « kaolin » est chinois pour argile blanche (white clay). C'était un secret protégé par les Chinois, bien sûr ! Mais à la fin du 18ème siècle, on a trouvé du kaolin dans les environs de Limoges, une ville ancienne de France. Les artistes de la cour étaient fascinés par la porcelaine, pas seulement comme décoration mais comme vaisselle de tous les jours.

La réputation de la porcelaine de Limoges demeure inégalable entre la tradition et le progrès. Elle est restée la vaisselle des chefs d'états, des rois et des princes des comme le symbole de l'art de vivre. On emploie la porcelaine de Limoges pour les constructions électriques, les instruments de laboratoire, les décorations de maison et autres.

Questions personnelles :

1. Est-ce que ta famille a de la vaisselle qui a beaucoup de valeur comme du Baccarat ou du Limoges ?

2. Prépares-tu des soirées élégantes chez toi, ou préfères-tu des repas simples ?

3. Où peut-on trouver des objets anciens comme la verrerie originale de Baccarat ou la porcelaine de Limoges ?

4. Combien de pays importent les produits de Baccarat de nos jours ?

5. Pourquoi les Tsars de Russie ont-ils acheté beaucoup d'objets en cristal de Baccarat?

6. Quel est l'ingrédient indispensable pour faire de la porcelaine ?

7. Est-ce que la porcelaine de Limoges est utilisée seulement pour la vaisselle ? Si non, pour quoi est-elle utilisée aussi ?

Épisode 2 :

La Bonne ou pas la bonne ?

Episode 2 :
La Bonne ou pas la bonne ?

Amélie est revenue à la maison et a continué à regarder la télévision. Il y avait une émission qui s'appelait « Criminels dangereux ». L'émission présentait un homme qui était cambrioleur. Il avait des yeux très cruels et il semblait vraiment dangereux. Il était entré dans une maison. Il portait une tuque noire (un bonnet de laine avec un pompon dessus), une chemise noire, et un pantalon noir. Il marchait lentement et il avait un grand sac noir. Il avait volé une statue qui avait beaucoup de valeur.

Amélie a réfléchi un instant à l'émission télévisée. Elle avait peur, mais ça lui a donné une idée. Normalement elle ne mentait pas à son patron, mais elle ne voulait pas perdre son travail. Après tout, elle avait 99 ans ! Elle a continué à regarder la télévision et elle s'est souvenue de tous les détails. Ensuite elle s'est mise à inventer un plan.

Amélie est allée dans toute la maison et a lancé beaucoup de choses par terre. On aurait dit qu'il y avait eu un tremblement de terre. Après cela, elle était très fatiguée (après tout, elle avait 99 ans !) et elle a décidé de se reposer un peu. Pendant qu'elle se reposait, elle s'est endormie et pendant qu'elle dormait, un cambrioleur est entré dans la maison. Le cambrioleur avait un sac et il portait des vêtements noirs, semblables à ceux du cambrioleur de l'émission. La maison était très obscure, et dans l'obscurité, le cambrioleur n'a pas vu combien la maison était en désordre. Mais il savait qu'il y avait des objets avec beaucoup de valeur. Il marchait en faisant attention, mais malgré cela, il a trébuché et il est tombé par terre.

Le cambrioleur a commencé à crier très fort car il s'était cassé le bras. Un voisin a entendu ses cris et a appelé la police. Le cambrioleur a essayé de s'échapper, mais quel malheur ! Instantanément, la maison était entourée de gendarmes. Le cambrioleur a couru hors de la maison et a crié : « Ca suffit ! Ne m'attaquez plus ! » À cet instant, Amélie a entendu les cris et elle s'est réveillée. Elle est sortie de la maison et a vu la police ainsi que ses patrons.

Toute la famille lui a dit : « Merci d'avoir attrapé le cambrioleur, Amélie ! Aimerais-tu aller à Hawaii avec nous pour fêter cela ? » Elle leur a fait une sourire en répondant : « Bien sûr ! » Son anniversaire sur la plage de Waikiki s'est très bien passé. La famille n'a jamais su ce qui était arrivé à la statue. Ils étaient si reconnaissants envers Amélie que plus jamais elle n'a dû travailler.

Put the following sentences in order according to the events of the Episodes 1 and 2.

____ A. Amélie a emmené les morceaux à l'atelier de réparations.

____ B. Amélie a célébré son anniversaire sur la plage de Waikiki.

____ C. Le voisin a appelé la police.

____ D. Amélie a regardé Criminels Dangereux.

____ E. Le balai est tombé et a heurté la statue.

____ F. Le cambrioleur est entré dans la maison.

____ G. Le cambrioleur a crié.

____ H. Amélie s'est réveillée.

____ I. Amélie a planté une plante.

____ J. Une mouche a atterri sur le nez d'Amélie.

____ K. Amélie s'est endormie.

Answer the following questions about Épisode 2.

1. Comment est-ce qu'Amélie a créé son plan ? Qu'est-ce qui l'a motivée ?

2. Pourquoi est-ce que le cambrioleur croyait qu'Amélie l'avait attrapé ?

3. Comment était le cambrioleur ?

4. Que penses-tu ? Est-ce qu'Amélie a eu de la chance ou de la malchance ?

5. Pourquoi est-ce que le cambrioleur a crié et qu'est-il arrivé quand il l'a fait ?

In your <u>own</u> words, rewrite Épisode 2 as if you were Amélie.

_____

_____

_____

_____

_____

_____

_____

_____

_____

_____

_____

_____

_____

_____

_____

_____

_____

_____

_____

_____

_____

_____

_____

_____

_____

Lecture Culturelle
La Belgique

Bonjour, je m'appelle Adrien, j'ai seize ans et je vis à Liège, en Belgique. Mon pays est très petit (30.513 Kilomètres carrés) et très plat. Il n'y a aucune montagne et très peu de bord de mer.

Dix millions d'habitants vivent dans mon pays. Nous sommes divisés en trois régions : Flamande, Wallonne et Bruxelloise. Bien sûr nous parlons trois langues : au nord du pays, six millions parlent le Flamand (une langue comparable au Néerlandais); au sud quatre millions parlent le Français et à l'Est 60.000 parlent l'Allemand. Moi, je suis un Wallon et je parle le Français.

Nous n'avons pas de président à la tête de notre pays. Nous avons un roi. Il s'appelle Albert II. Il a succédé à son frère Baudouin Ier, à la mort de celui-ci car Baudouin n'avait pas eu d'héritier. Albert est le 6ème roi des Belges.

La Belgique vit essentiellement des échanges économiques avec ses voisins. Elle possède le 2ème port d'Europe, Anvers. Moins de 3% de la population se consacre à l'agriculture et 7% des exportations sont représentées par le célèbre diamant d'Anvers.

Mais nous avons d'autres spécialités, comme la dentelle de Bruxelles, de Bruges ou de Malines, le verre et le cristal de Wallonie et surtout, le chocolat qui est connu dans le monde entier. Nos parents préfèrent bien sûr la bière au chocolat. Chaque Belge consomme près de 150 litres de bière par an.

J'espère que tu viendras nous voir bientôt. Nous sommes un peuple très accueillant. D'ailleurs je sais que tu aimes déjà une de nos spécialités, les pommes frites, que tu appelles "French fries" même si en vérité elles sont belges. Mais attention, ici nous les mangeons avec de la mayonnaise.

Lecture Culturelle
Monaco

Située sur la Côte d'Azur entre Cap d'Ail et Menton, dans le sud de la France, à quelques kilomètres de la Riviera italienne se trouve la principauté de Monaco. Monaco est un petit état indépendant, souverain et prospère. Il possède son propre gouvernement et son chef d'état. Son chef d'état actuel est Son Altesse le Prince Rainier III qui règne depuis 1949. La dynastie des Grimaldi est à la tête de la principauté depuis plus de 700 ans.

La capitale de Monaco est Monte Carlo. Monaco est très petit (1,95 Kilomètres carrés). Monte Carlo est bâtie sur une montagne, on appelle d'ailleurs la ville Le Rocher. Le soleil brille ici la plupart du temps. Il y a des parcs, des jardins, de somptueuses boutiques, des hôtels et restaurants très, très chics, et surtout, ce qui attire les gens du monde entier, les casinos.

Les casinos et le tourisme sont les deux plus grandes ressources de Monaco. D'ailleurs, la population est de 30.000 habitants mais sur ces 30.000 seulement 5.000 sont Monégasques, le reste sont des touristes. Grâce aux casinos, les Monégasques ne payent pas d'impôts car les revenus des casinos suffisent aux besoins financiers de la principauté. Pour protéger leur patrimoine, des lois strictes empêchent la vente immobilière à des non Monégasques.

Lors de votre séjour à Monaco, n'oubliez pas d'aller dans la vieille ville voir la cathédrale, le musée du Vieux Monaco et le Palais Princier. Surtout ne manquez pas de voir, chaque jour, à 11h précise, sur la place du Palais, la fameuse relève de la garde des carabiniers. Elle est aussi intéressante à voir que la relève des gardes au Palais de Buckingham à Londres. Allez aussi visiter le musée océanographique. C'est l'un des plus grands du monde.

Monaco est l'un des hauts lieux de la jet-set internationale et des plus grandes célébrités. À Monaco vous risquez de croiser dans la rue, Tom Cruise ou Jennifer Lopez aussi bien que les Rolling Stones. Les princesses Caroline et Stéphanie de Monaco et leur frère le Prince Albert défrayent parfois la chronique car ils sont la proie des terribles Paparazzis (journalistes spécialisés dans les scoops.)

Qu'as-tu appris sur la Belgique et sur Monaco ?

1. Quelle est la surface de la Belgique ?

2. Quelles sont les langues qui sont parlées en Belgique ?

3. Comment s'appelle le roi des Belges ?

4. Quelles sont les spécialités de la Belgique ?

5. Qu'est-ce que les Belges mettent sur leurs pommes frites ?

6. Où se trouve Monaco ?

7. Comment s'appelle le chef d'état de Monaco ?

8. À quelle heure est la relève de la garde des carabiniers ?

9. Comment s'appellent les enfants du Prince Rainier de Monaco ?

10. Depuis combien de temps la dynastie des Grimaldi est-elle à la tête de la principauté ?

Glossaire

A allumé une torche - lit a torch, turned on flashlight
(Il) a arrosé - (he) watered
A atterri - landed
A cassé en plusieurs morceaux - broke in several pieces
A continué à regarder - continued to look, watch
Lui a dit - said to him/her
A essayé - tried
A eu des ennuis - has problems, worries
A fait semblant - pretended to
A heurté - slammed into
À la mode - in style
A laissé tomber - let fall
A mauvaise haleine - has bad breath
A perdu - lost
A poursuivi - followed after/chased
(Il) l'a pris(e) - (he) took him/her/it
(Il) a quitté la ville - (he) left the city
A rendu - returned
A senti/sentait - felt, was feeling
Aboie - barks
Accompagne - accompanies, goes with
Aïe! Ça fait mal ! - Ouch! That hurts!
Aimerais-tu aller ? - would you like to go?
Allait avoir quinze ans - was going to be fifteen years old
Après - after
Aller - go
(Il) est allé(e) - s(he) went
Allons-y ! - Let's go!
(Pour) améliorer - (to) improve
S'apercevait - noticed
Argent - money
(Un) atelier de réparations - (a) repair shop
Attend - waits
L'attrape - catches him/her
Au fond du - at the bottom of
Au lieu de - instead of
Au milieu du lac - in the middle of the lake
Au sommet - at the top, peak
Aussitôt que possible - as soon as possible
Autant d'argent que - as much money as

Autant de maquillage qu'un clown - as much makeup as a clown
Avaient beaucoup de valeur - had a lot of value, was worth a lot
Avec impatience - impatiently
Avouer - admit, confess
Une bonne - a maid
Bien sûr ! - Of course!
Se blesse - hurts him/herself
Bon marché - cheap, good price
Bouton - pimple (button)
Ça suffit - that's enough
Ça/cela dure longtemps - that lasts a long time
Ce n'était pas moi - it wasn't me
Celle de - the one belonging to
Chaque jour - each day
Chambre - room
Cher, chère - expensive
Craignait de ressembler à - feared looking like
(Il) creusait la terre - (he) dug/was digging the ground
(Il) croyait - (he) believed
D'abord - first
D'ailleurs - besides, what's more, however
De toute façon - in any case
Etait déchiré(e) - was torn/ripped
Démarre - starts (an automobile)
(La) dentelle - (the) lace
(Les) dents - (the) teeth
Elle se dépêche - she hurries up
(Il) se dépêche - (he) hurries up
Dès qu'il commençait à travailler - as soon as he started to work
Devait travailler - had to work
Devient fou/folle - becomes crazy
Devient triste - becomes sad
Dit - says
A dit - said
Donne les moi - give them to me
Du tout - at all
S'est échappé(e) - got away, escaped
Effraye, effrayait - scares, scared
En panne - broken down
En quoi puis-je vous aider ? - How can I help? you?

Glossaire

En train de - in the process of
(Il) éclate - (it) bursts
Enlève la ceinture de sécurité - take off the seat belt
Enrhumé(e) - has a cold
Entend - hear
S'entraîne à conduire - learns to drive
Envier - envy *(verb)*
(Il) a envie d'aller - (he) wants to go/ feels like going
Essaie d'impressionner - tries to impress
Est allé(e) à pied - went on foot
Est allé(e) faire des achats - went shopping
Est de mauvaise humeur - is in a bad mood
Est désespéré(e) - is desperate, hopeless
Est désordonné(e) - is disorganized
Est pressé(e) - is in a hurry
Est tellement heureux que - is so happy that
Était bouleversé(e) - was distressed, upset
Était déchiré(e) - was torn/ripped
Était en solde - were on sale
Était entouré(e) - was surrounded by
Était préoccupé(e) - was busy, preoccupied
S'évanouit - faints
Se fâche - gets angry
Faire - do, make
Fait une randonnée - goes for a hike
Finit par - ends up
(Le) feuilleton - (the) soap opera
Grossit - gains weight, gets fat
(Il) se heurte - (he) hits, collides
Heureux - happy
Hors de/ en dehors de - outside of, apart from
(Il) creusait la terre - (he) dug a hole in the ground
Il croyait - he believed
Il éclate - it bursts
Il écrasait - he crushed, was crushing, used to crush
Il l'a pris(e) - he took him/her/it
Il lui a dit - he said to him/her
Il lui a offert - he offered him/her
Il lui manque - he's missing (something)
Il monte/descend l'escalier - he climbs/goes down the stairs
Il ne l'entend pas - he doesn't hear him/her
Il ne lui obéit pas - he doesn't obey him/her
Il ne peut pas/ n'arrive pas à respirer - he can't breathe

Il ne pouvait pas croire - he couldn't believe
Il ne pouvait pas dormir - he couldn't sleep
Il refuse d'y aller - he refuses to go
Il rêvait - he dreamed/was dreaming/used to dream
Il s'éloigne de - he moves away from, distances himself
Il se cassait - he broke, was breaking, used to break
Jamais - never
Jeune - young
Jouaient des tours - played/was playingg/used to play tricks
Jour après jour - day after day
L'attrape - catches him/her
La salue - greets her
Laisse-moi conduire - let me drive
(Le) balai - (the) broom
Balayait - broom; swept; was sweeping
Lentement - slowly
Lui a demandé de l'aide - asked him/her for help
Elle lui interdit - she forbids him/her
L' a fait(e) sourire - made him/her smile
Lui sauve la vie - saves his/her life
Maigrit - loses weight, gets thin
Maladroit(e) - clumsy
Maquillage - makeup
Mauvaise nouvelle - bad news
Même - same
Mentait - lied, was lying
Met la ceinture de sécurité - put on the seat belt
(Le) mouchoir - (the) handkerchief
(Une) mouche - (a) fly
Mouillé(e) - wet
N'avait jamais vu - never saw, had never seen
N'avait pas envie de - didn't want to, feel like
N'importe quoi - anything
Ne l'a pas laissé(e) entrer - didn't let him/her in
Ne lui a pas prêté attention - didn't pay him/her any attention
Ne lui allaient pas - didn't suit him/her
Ne lui permet pas - doesn't allow him
Ne m'ennuie pas - don't bother me
Ne savait pas - didn't know
Ne savait pas quoi faire - didn't know what to do
Ne t'inquiète pas - don't worry
Ne voualit pas avouer - didn't want to admit
Ne voulait pas se battre - didn't want to fight

Obéit - obeys
Obscur(e) - dark
Il lui a offert - he offered him/her
Ont volé - stole (flew) they
(Le) panneau d'arrêt - (the) stop sign
(Le) patron - (the) boss, owner
Partout - everywhere
Permet - permits, allows
(Le) plâtre - (the) plaster, cast
Il se promène - he goes for a walk
Plus lentement que - slower than
Plus triste que d'habitude - sadder than usual
Plusieurs - several
Portait- was wearing/carrying
(Un) pot - (a) jar, container
Pour améliorer - to improve
Pourtant - however, yet, nevertheless
Il pouvait dormir - he could sleep
Pouvez-vous échanger ? - can you exchange?
Pouvait - could, was able
Est pressé(e) - is in a hurry
Prêt(e) - ready
Prête attention - pay attention
Propre - own *(adjective)*
Prudemment - prudently, carefully
Puis - then
(La) punition - the punishment
Quand il était jeune - when he was young
Quel malheur ! - What bad luck!
À quitter - to leave (a place)
Rame - rows
Range sa chambre - straightens up his/her room
Remplissent de larmes - fills with tears
Respirer - breathe
(Un) rendez-vous - (a) date, meeting
Réussit - succeeds
S'apercevait - noticed
S'entraîne à conduire - learns to drive
S'est échappé(e) - got away, escaped
S'est reposé(e) - rested, relaxed
S'est senti(e) fatigué(e) - felt tired
S'est souvenu(e) - remembered
S'évanouit - faints
Sa propre moto - his own motorbike
(Le) salon - the living room
Salue - greet, welcome
Sans blague! - No kidding!
Sauve (une vie) - saves (a life)

Se baignait - bathes or swam, was bathing or swimming
Se blesse - hurts him/herself
Se brosse les dents - brushes one's teeth
Se casse - breaks
Se conduisait mal - behaved badly
Se fâche - gets angry
Il se heurte - he hits, collides
Se moque de - makes fun of
Se plaint - complains
Il se promène - he goes for a walk
Se rend compte - becomes aware, notices
Se renverse - falls/tips over
Se ressemblaient - looked alike, ressembled each other
Sort le mouchoir - takes out the handkerchief
Savait - knew
A senti/sentait - felt, was feeling
En solde - on sale
Sourire - smile
Le supplie - begs him
Survit - survives
(La) terre - (the) ground
Tombe - falls
Est tombé(e) - fell
(Il) tousse - (he) coughs
Transpire - sweats, perspires
Trébuche(a) - trips
(Il) a trébuché - (he) tripped
(Un bouton) pousse - (a zit or pimple) grows, pops up
(Un) tremblement de terre - (an) earthquake
(Le) vendeur - (the) salesperson
Veut éviter - wants to avoid
Veut pêcher - wants to fish
La ville - the city
(Un) voisin - (a) neighbor
(Un) voleur - (a) robber
Voudriez-vous essayer ? - Would you like to try?
Voulait - wanted
Vraiment ? - really?
A vu - saw

Notes

Notes

Notes

Notes